# 学校発・ESDの学び

手島利夫

教育出版

# 目次

## 第二章　ＥＳＤの効果　――学力向上、そして教育の本質



## 第三章　ＥＳＤカレンダー　――カリキュラム・マネジメント

## 第四章　子どもの学びに火をつける　――主体的・対話的で深い学び



## 第五章　社会に開かれた教育課程の実現　――チーム学校、地域・保護者

# 序章

# 分かりにくいESDを分かりやすく語る

本章は、南九州大学で二〇一四(平成二六)年三月一日に行われた講演の記録です。この会にお招きくださった同大学の遠藤晃教授は、二〇一三(平成二五)年二月に私の勤務校である江東区立八名川小学校のESDパワーアップ交流会に来校されて以来、ESDに取り組まれ、九州・沖縄地方を中心にESDの推進・普及に尽力されていらっしゃいます。

## 1　子どもの学ぶ心から始めよう

みなさん、こんにちは。

私は江東区立八名川《やながわ》小学校という学校の校長になって四年目の手島です。もともとは社会科の授業が大好きで、子どもたちにどんな体験をさせたらいいかな、ということを一生懸命考えながらやってきました。

私が三二歳の時のことです。東京都に教育研究員という制度があって、そこに参加しました。社会科の研究をしたいという者が東京中から二〇名ほど毎月集まって、一年間勉強をします。夏には合宿をし、最後には発表会をしました。その仲間と一緒に取り組んだ時のことです。

雪国のことを学習させるのに、子どもたちにどんなことをしたら学びが主体的になるか。東京の子どもたちに雪国をイメージさせ、そこの課題を解決させて、そして自分のことのような気持ちで追究ができるにはどうしたらいいかなって、そういう課題に取り組みました。合宿で実際に雪国・新潟に行って、雪を前にして参加者みんなであぁだこうだとやります。「家の上に一メートルの雪が積もる。これはたいへんな重さになります。それが乗用車何台分にもなると家がつぶれちゃいますよ。だから、これが心配なんです。ギシギシって音が聞こえてね、怖かったです」、従来はこういう、地元の人の話を紹介するというような導入をしてたんですね。でも、これで十分だろうか。雪国の困る様子をいろいろ書き出してみると「重さ」よりもこの、例えば二メートルくらいの「深さ」で「一面に積もってること」のほうが問題かもしれない。じゃそれをどうやって問題として感じさせるか。こんなことを夜通し話し合ったのです。

考えた結果、授業では、二メートルの深さがあるということを伝えるのに二メートルの棒を使いました。教室で「ここまで来るんだ。ここだけ積もってるんじゃなくて、この深さでここにも積もってるんだ。そしてこっちにも積もってるんだよ」、「ドアを開けたら二メートルの雪があるっていうことは、どういうことなんだろうね」っていうような話をします。子どもたちは面白がって、四年生ですから「先生、その棒貸して」と言って持っていき、「先生の机も埋まっちゃうね」とか言って遊んでるんですね。そのうち「校庭へ行ってもいいですか」、「いや、ちょっと待って。これをみんなが振り回したら、先生責任持てないよ」、「いや、絶対僕たちはそういうことはしません」なんて話が進んでいって、今度は校庭だけじゃなくて「自分たちの町の中を、これを持って歩きたい」って言い出すんですよ。どうしても行きたいって言うから

「じゃあ、しょうがない。棒を持って歩く人、それから気がついたことを書き留めておく役も作ったらいいね」という話になる。で、「気がつく役の人、気がついたことを書き留める役の人がいるね、グループができたら来てごらん」というと「僕たちが一番だ」、「なんで僕らにはないんですか」、「……いや、実は、用意してあるんです」などと言いながら棒を出してやったりする。一メートルの所に色テープを貼ってね。二メートルの所にも貼ってる。大体これぐらい積もるんだねって。

それを持って町を歩くと、子どもはいろんなことに気がつくんです。たとえば、四年生の最初に習った火事や消防署の話。「消火栓が地面にあると、雪であのふたが開けられない」、「立ち上がり式の消火栓も埋まっちゃうんじゃないか」、「買い物もできない」、それから「車が通れないよね。自転車も無理だよね」。それから四年の最初に習ったごみの話とからめて、「ごみの収集ができなくなっちゃうよ、どうしてるのかな」など。こうして気づいたあらゆる問題を持ち帰り、また次の日学校に来ます。それを、こんな問題があるね、とグループで整理したりする。

ここで、子どもたちの問題意識をぎゅっと集約させるのに、六日町の助役さんに登場してもらいます。あらかじめ撮ってあったその方の写真を貼り、ガチャッと（カセットの時代です）テープをＯＮにする。と、声が聞こえるわけです。「六日町ではね、二メートルの雪が積もって、火事になっても大丈夫なように、私たちは準備してます。火事は大丈夫です。通れます。私たちは雪に負けない工夫をしてるんです」。「ごみの問題はどうですか」、「ごみだってちゃんと集められるようにしてます」、「車は？」、「大丈夫です」、「ごみの問題はどうですか」、「ごみだってちゃんと集められるようにしてます」。ガチャッ。ここでテープが終わっちゃう。すると子どもたちは、なんかこう、釈然としないわけですね。

それで「どういう備えをしてるのか、やっぱりこれも調べないといけない」と言って、本気になって計画を立て始めてね、ここから勉強を進めるんです。

まあそういったことが、今思い起こせば、子どもたちの学ぶ心にどうやって火をつけるか、という最初だったような気がします。

他には例えば、「沖縄の暖かい気候を利用した生活の工夫」をどうやって実感させるか。「実感」させないといけない。こんなことも思案してました。一年間ぐらいそれを考え続けていた。「サトウキビはこんな長い葉っぱをして、これが台風の影響で根っこのほうが曲がってたりします。それでも上に伸びて、それを収穫します。梅雨の頃の季節はどうでこうで」。そういう授業はあったわけですよ。あるいは「花を栽培して、その花を飛行機に載せて運んで、高く売れるからこれはいい」とか。だけど、子どもたちの「実感」に訴えるにはどうしたらいいのか考えたんですね。一年間考えて、こんなことをやってみた。

紙袋を持って教室に入ります。子どもたちは席についてます。紙袋をガサガサガサッとやって中から何か取り出して黙ったまま教卓に置く。授業は二月頃です。教卓の上に、最初に出てくるのはまな板、その次に出てくるのは包丁。その次に、スイカなんです。子どもたちの目が、グワーッとこっちに集まるわけです。

私は包丁をスイカに当てます。ビシッと音がする。黙ったまんま、こう切るわけです。教室の中に甘い香りがバーッと漂ってね。子どもたちはじーっと見ています。で、「食べる?」って身振りでやるとね、「うん」ってうなずくわけです。「そうか」と言ってガサガサガサッと、紙皿が出てきます。それで子どもたちに、みんなこっちにおいでって言って、配って食べる。食べていると、そのうち「先生、このスイカどうしたの」って言い出します。「どうしたと思う?」と言うと、「ずっと冷蔵庫に入れてたと思います」とかいろんなことを言う。で、「答えのヒントはみんなのお皿の上にある。誰かのお皿の上に隠してあります」と言ってしばらく待つんです。すると一人が「これ、そうかもしれない……」。何だと思いますか。スイカの食べたあとの皮をひっくり返すとシールが付いてる。沖縄県なんとかって書いてあるんですよ。

「沖縄かあーっ!」

そんなことから子どもは沖縄にグーッと集中してきて、一月にスイカが食べられるのは沖縄の何と関係があるんだろう、ということになってくるわけです。それって子どもにとってはものすごいパワーになる。その暖かさというのを今度はグラフなんかを見て感じたりします。そしてそれは、農業などにどういう影響があるんだろう、というようなことになって、興味を持って学習を進める。

実はこのあたりが、私がいま「子どもの学びに火をつける」という概念でやっていることの、もとになっている話なんです。「学びをどうつくるのか」ということを抜きにして、ユネスコスクールがどうだこうだというシステムのことだけやってたら、インチキになるわけなんです。

日本におけるユネスコスクールは六七五校(二〇一五年三月現在)になりました。それで各学校はそれぞれいい教育をしてるんです。ESDカレンダーというのを作ったりね。確かにそれを作ることによって学校は変わるんだけれども、だけども、子どもが本気になるかどうかに関わる「学びのスタイルをどう変えるのか」というところまで行くかどうかがいちばん大事なんだと、私は思っている。

まあ、そんなこともあって、最初にこの話をさせていただいたんです。では「子どもの学びに火をつける！」ということで、話をさせていただこうと思います。

## 2 ESDとは ——知ってはいるけど、分かりにくい

ESDということ、それからその意味ということについて、少し説明させていただきます。Education for Sustainable Development（エデュケイション フォア サステイナブル ディベロップメント）とは要するに「持続可能な開発のための教育」。ユネスコの課題なんですよ。私、意味分かんなかったんで、要するに「未来をどう創っていくのか」ということなのかな、と理解するようにしました。ユネスコは「人類の福祉の促進を脅かす、地球規模の課題の解決に取り組んでいます」というんです。たとえば、課題というのを具体的に示しています。「災害や戦争や貧困や開発による南北格差や人権情報や、他にもいくつもあります。そして環境の問題というのは大変重要です。ユネスコはそれらの解決に取り組んでいます」と。私は小学校で何か教えてこれを解決できるのだろうかという問題も感じました。でも、そういう時代の中で生きていく子どもたちは、どういう学びを進めていったらいいのかな、ということで解釈しようと思いました。

いま（二〇一五年三月現在）ユネスコスクールは六七五校に増えましたよ、というのは、ＥＳＤの取り組みに値打ちを感じる人が多かったんだろうなというふうに思いますし、現代の重要な課題だと思っています。

## ３　ＥＳＤに取り組む意味
### ――彼らが生きる時代の課題と、彼ら自身が抱えている課題を踏まえて

八名川小学校の子どもたちにはこういう話から進めました。「あなたたちは何のために学ぶのですか」と。これを紙に書き、赴任して最初の全校朝会で聞いたんです。「何のために学ぶのか。その答えを私に教えてください。もしクラスで話し合ったら先生から教えてもらってもうれしいし、直接教えてもらってもありがたいな」と問いかけました。

そしたら出てきました。「私はなりたいものになるから、そのために勉強するんです」「それもいいね」、「勉強ができるようになるためにです」「それも素晴らしいと思うよ」、「いい学校に入りたいからです」「そうです。そういう考えはあってもおかしくないと思います。それでどうするの」と言うと、「一流の企業に入りたいんです」。「それでどうすんの」と聞いたら、「楽な生活をしたいんです」。「そう、それも一つ

「何のために学ぶのですか」は今も校長室に掲げられています

の考えとしてあっていいよ。それで楽な生活してどうすんの」というような話をします。

次の週の全校朝会は、私のプレゼンです。「それで、それだけでいいのかい?」ということで話します。君たちはどういう時代に生きていくのか。それから、日本の子どもたちにどんな課題があるのかという話をするよと、東日本大震災を報じる新聞記事を見せたりしました。東日本大震災から（この講演の時点で）もうじき三年になりますけれども、あの前まではこんなふうになるなんて思ってなかったわけです。それに、もうこういうことは来ないのかというと、またいつ来るか分からないといわれているし、もっと大きな問題（原子力発電所の事故）がある。まだ解決の目処が立ってないわけです。東京だって大震災が来ると思ってます。原発なんか「収束しました」って言ってるけども、ほんとにこれでいいのか。なんだか心配なことがどんどん膨らんできてます。

温暖化については、私が最初に「二〇一〇年の地球温暖化予測図」というのを見た時は二〇〇七年で、二〇一〇年は未来だったんですが、でもそのとおりになりました。また、なんだか去年からニュースで、竜巻が増え、雨の降り方が普通じゃなくなってきました。これ、どこどこに低気圧が来たからこうなりましたと言ってるけども本当にそうなのか。その問題の原因は、温暖化の加速にもあるということは否定できないんじゃないか、と感じています。それがみなさんご存じのようにどんどん深刻化しているわけです。で、今皆さんに二〇三一年の予測図をお見せしていますが、この画面が示している二〇三一年ってずいぶん先だなと思ってたんだけども、今から一七年後。私の娘は三八歳になりますが、その三八歳の時娘はどういう生活ができるのか。どこで生きて何を食べるのか。何が飲めるのか。いま教室で教えてる子どもたちにとっても同じ課題が出てくるわけです。私なんか、その頃はもう八〇近いから死んじゃってるかもしれないけども、どんな死に方するかなと心配になります。みなさんはどうですか、ということです。子どもたちにも問いかけたんです。どんどん深刻化する、それは間違いないと思います。厳しい環境になっていることと思います。インターネットが普及したおかげで、あっという間にある国の政府が倒れたりというようなことが起こっているわけです。今までだったら、ある国がだんだんおかしくなってきても、どうにかなるまで半年くらいはかかってね、どうするか対応する時間があったのが、いまは一週間おいといたらころっといっちゃうわけです。そういう時代に生きてるわけです。

そして、今の子どもたちが抱える課題。自信を持てない。手をあげようとしない子どもたちが多い。高学年になると発言する子が決まってくる。さらに、中学・高校になったらもっとひどくなる。それで聞くんです。「どうですか、君たちは、ほんとにこの時代を生きていけるのかな」と。彼らにどういう将来が待ってるのかというと、企業は、結構ガタガタになってきていて、立ち直るというけれど、基本的には日本の経済がもっと発展するかどうかには厳しい要素がいっぱいあると思うんです。

それから仕事はどうなるのか。例えば、お台場を走るゆりかもめには、電車の運転士も車掌さんも乗っていないけれど走ってます。駅に人はいません。スーパーのレジはピッと全部自分でやれば、それでたいていは済むようになりますよね。要するにいろんな仕事がどんどん消えていくわけです。そしてただ知識を教えているだけの教育も消えます。だって教師という仕事は教員じゃなくても、教えるだけだったら、勉強を教える機械で済むわけです。それで授業がうまくなければ取り換えればいい。そうすれば学校の経営は楽だよね。だから遠い話ではないんです。要するにこういうふうにして仕事もなくなり、その仕事も国内だけでの奪い合いじゃなく外国と比較されていく。就職も難しくなっていく。

そこで求められるものって何だろう。それはこの先の時代を生き抜いていく能力にもつながっているかもしれない、ということです。

## 4 ESDで目指す子ども像 ——求められる能力は「生きる力」

その時に求められる能力は、まず一つ目は問題に気づき、それを解決していくための手立てを考え工夫していけること。それからチームでものを考えるために創造的なコミュニケーションをする力。ネットや携帯で仲間と話し合うのがコミュニケーション能力じゃなくて、新しいものをどう創るのかということについて、一緒に知恵を出し合えるということが大事だと思います。そして健康や体力でしょう。

そうするとこれは、文部科学省が言っている「生きる力」と直結してくると思いませんか。この時代をダラダラと生きるんじゃなく、厳しい時代を切り開いて生きていく、そういう生きる力が求められていることはもう間違いない。それがESDで考える持続可能な社会づくりに直結する子ども像だと思うんです。そうすると、ESDでやろうとしている教育の取り組みって、ユネスコスクールだけがやればいいのか、そうじゃないような気がします。やっぱり日本中のどこの学校の、どの子どもたちにとっても重要な課題で、それは日本だけじゃなくて、世界の子どもたちに、そしてこの先の時代を生きていくすべての子どもたちにとって、重要な問題だという気もします。

でもどうやって進めると、生きる力を育てられるのか。ここがはっきりしてないのが、いま一番の問題です。うちは国語の教育をやりますという学校はある。でも、うちは生きる力の教育をやります、という学校はどれだけありますか？　算数の学力が低いから、学力テストの結果があまり良くなかったから、うちは算数の授業の研究をやりますという学校も、うんと増えた。それから体力のこともあるから、校内研究では、算数と国語と体育を取り上げている学校ばかりが増えています。でも、それで生きる力は本当に育つんですかっていうところまで、考えているかどうかが問題なんです。

ユネスコスクールがあれだけ増えたっていうことは、やっぱり価値があったんです。どういう価値があるのか。学校にとって、それから先生たちにとってどういう価値があるのか、それは子どもにとってどうなのか、そして保護者や地域にとってどうなのか、という視点を持って見ていくことが大事だと私は思います。

去年の三月頃、一年間の結果報告の際にユネスコスクールにアンケートも取ったんですが、そのまとめを見ました。一つ目は、「学校が活性化しました」。よかったですね。それから「いろんな交流ができました」、「評判が上がりました」。これは開かれた学校づくりが進んだんだと思います。いろんな人材に来てもらって、いろんな工夫がされた。でもね、「教育方法が改善されました」については、二五パーセントの学校しか改善されたと答えていないのです。ここがユネスコスクールについて私が疑問を持ってる点なんです。つまり一見活性化し、一見地域に開かれました、でも教え方は今までと変わってません、それでほんとにユネスコスクールの中身ができてるんですか、と。さっき言ったように、生きる力がほんとにそこで育つのか、ということを私は疑問に思ってます。大丈夫かな、と心配してるんです。

「学校の方針が明確化された。活発化した」というのはものすごくいいことなんです。つまり、ある先生が一生懸命やってるだけ、その先生が違う学年へ行くと、その学年の取り組みは消えてしまい、次の学年になったらまた教え込んでやっていかなきゃいけない、というようなことがなくなります。ですから、学校としてどうするかということをはっきりさせることができるという点では、この「教育方針が明確化する」というのは、これは絶対大事なことです。それは間違いないんだけれども、これが教育方法の「改善」まで届くといいな、ということですね。

## 5 New! ESDカレンダー ――視点を持って学びをつなぐ

さて、生きる力はどの教科で育てるんですか。そういう時間はあるんですか。ないでしょう? そうすると、学校全体として、生きる力の教育を中心としたカリキュラムがしっかりできていなかったらだめです。そしてそのカリキュラムを教科横断的に、あるいは総合的につないだ教育の姿が重要。これ、もう一五年も前から言われてるんです。ただそれが形になっていない気もします。なかなか難しいものなんだ。

なかなか難しいけれどね、でも、総合的な学習の時間の年間指導計画を作るときに「New! ESDカレンダー」の形式で作ると、どの学校でもできるんです。つまり、教科・領域をつないだイメージマップとしてのESDカレンダーの下に指導計画部分をつけて、セットにすることでカリキュラムとし、具体的な指導の進め方を共有できるようにするのです。ですから、単元名、時間数、目標、問題解決的な指導過程、連携する地域の人材や関係機関名、そしてその連絡先等が入っています。これを一年から六年まで作って、毎年、実践しながら少しずつ改良していく。そうやって子どものためのカリキュラムが生まれ、育っていくのです。

先生たちがいろんな教科、領域を横断的につないで、持続可能な社会はどうつくるかという課題を考えるときに、ときどき「ESDって結局は環境のことなんですよ」と言われたりするんですね。で

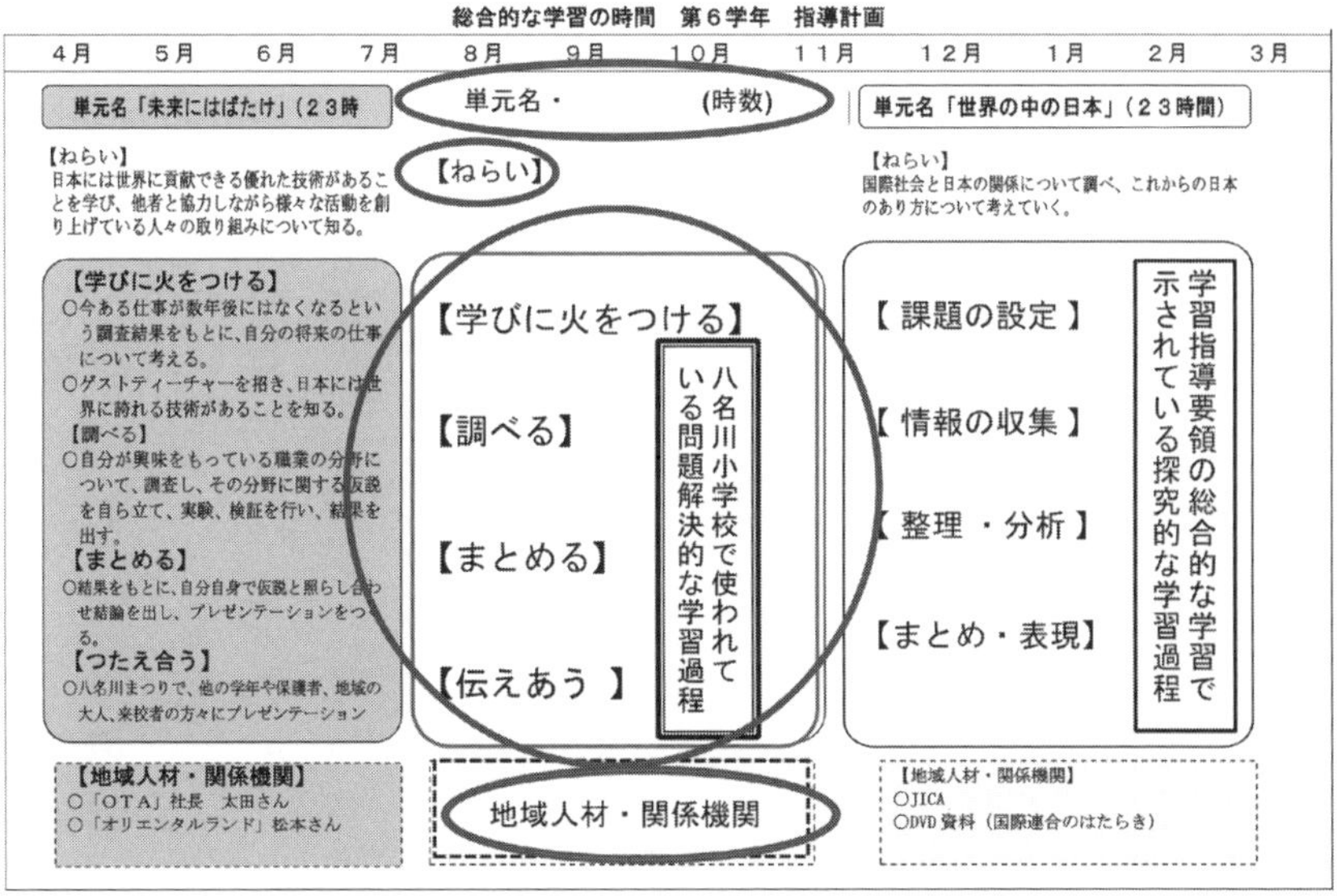


「New! ESDカレンダー」の指導計画部分

もそれはどうですかね。環境の問題というのは、八名川小学校の四年生が取り組めばそれで済むんですか。八名川小の全学年が取り組めば環境はよくなるんですか。あるいは東京中の学校が、あるいは日本がやればいいんですか、ということになります。そう考えると環境の問題に国際的な協力が必要なのは間違いありませんね。中国から風に乗ってPM2・5が降ってくるんだもの。それから日本が原発をボーンと吹っ飛ばしたら、世界に影響が行くんだもの。そういう危ない世の中。ということはやっぱり国際的な視点を持って大きな問題に取り組んでいかないといけない。

　国際的に協力し合うには何が必要なのかというと、国も違う、言葉も違う、文化も違うし、宗教も違うんですよ。そういった人たちがお互いに理解し合う基盤といったら「そういう生き方もあるよね。あなたたちはそういう生き方をしていて、それは大事なことなんだね」と認め合える、異質への寛容というところになると思うんです。それは基盤としては文化理解となるかな。異文化の理解、あるいは自国の文化の理解というのが大事になってくる。でもその文化理解、お互いに人として認め合いましょうというところからスタートするとしたら、人間として尊重し合う信頼関係がなかったら、文化も尊重もあり得ないし、となると命、あるいは人権といったことの理解が大事になる。そして命は、環境がしっかりしてなかったら保障されない。

こうなってくるとこれらのことが全部つながってくる。大きなつながりの中に環境の問題もあるし、それを解決する手立ても見つけていかなきゃならない。すると「私たちはユネスコスクールとして環境の問題を中心にして教育を進めています」なんて威張ってんじゃないよ、ということです。国際的な理解とか文化理解とか、人として尊重し合うことに取り組まなくていいのか。これらの視点を抜きにしてものは語れなくなってしまうということがお分かりいただけると思います。だから環境教育をやっていればそれがESDになるんだというのは、私は違うと思います。環境教育、それはESDの重要な一部かも知れない。けども、それがすべてではない。人権教育、それもいいが、それがすべてではない。

つまり私はね、この四つの視点、これをうまく活かして、教科・領域を結びつけるための視点として活用していくことが大事だと思った、それがこういうESDカレンダーということにつながったんです。

ESDカレンダーというのは、ここの部分が大事なんです。四つの視点で色分けする。つまり、緑は環境ね。それから青は国際的な協力システムの理解です。システムの理解だけだったら、小学校六年生のところで国連について学びます。あそこで学習はだいたいできるんですね。もしやったとしてもユネス

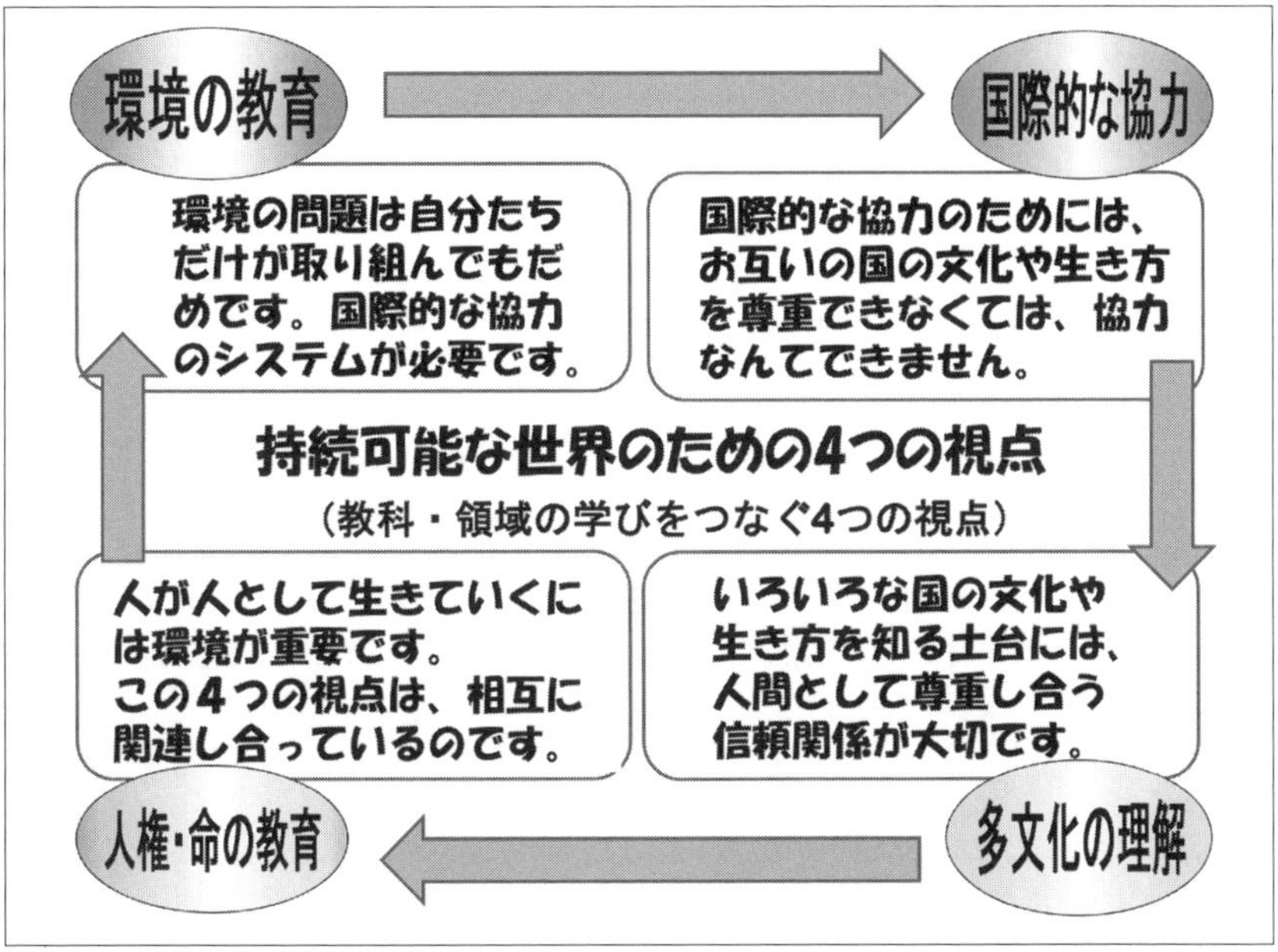
環境の教育
国際的な協力
環境の問題は自分たちだけが取り組んでもだめです。国際的な協力のシステムが必要です。
国際的な協力のためには、お互いの国の文化や生き方を尊重できなくては、協力なんてできません。
持続可能な世界のための4つの視点
（教科・領域の学びをつなぐ4つの視点）
人が人として生きていくには環境が重要です。
この４つの視点は、相互に関連し合っているのです。
いろいろな国の文化や生き方を知る土台には、人間として尊重し合う信頼関係が大切です。
人権・命の教育
多文化の理解

コとかユニセフとかの募金の時に行事として取り組んでやるとか、特活に入れたりする。その程度だったら、こういう項目にしないでいいかなあなんて思ったんですけどね。クリーム色は多文化の理解。ピンクは人権だとか命の教育。民主主義もここに入る。この四つで単元をつないでいくってことが大事ということです。（二〇一七年現在では、環境、学習スキル、多文化の理解〈国際的な協力を含む〉、人権の四つの視点でつないでいます。）だって今までは、それぞれの教科の学習のこの横の流れだけで指導して、成績をつけて終わってた。でも同じ環境の視点であるとしたら、社会で習う環境、理科で習う環境、そして道徳で「もったいない」ということを習ったら、みんなつながっていくんじゃないか。つながりの中に、それと関係したものを単元設定していけば、深まりができるんじゃないか。そこでは体験もできるかもしれない、

第2学年　ESDカレンダー

| 教科領域 | 4月 | 5月 | 6月 | 7月 | 8月 | 9月 | 10月 | 11月 | 12月 | 1月 | 2月 | 3月 |
|---|---|---|---|---|---|---|---|---|---|---|---|---|
| 国語 | | | | | | | | | | | 楽しかったよ、2年生 | |
| 算数 | | | | | | | | | | | | |
| 生活 | | | | | | | | | | | 明日へのジャンプ | |
| 特活 | | | | | | | | | | | 保育園と交流会 | |
| 道徳 | | | | | | | | | | | | |
| 音楽 | | | | | | | | | | | | |
| 図工 | | | | | | | | | | | | |
| 体育 | | | | | | | | | | | | |

初年度のESDカレンダー

そんなふうに総合の時間をつくればいいのです。これ（講演内で提示）はある県の総合的な学習の時間の研究発表会で出された紀要に載ってた、総合のカリキュラムなんです。線でつないでるけど、すごく分かりにくくてあまり見たくないでしょう。だったら、さっきのようにいらないとこを消せばいい。それから色で分類してみたら、つながりが見えるでしょう？　一目で見られる、イメージが持てるってことが大事だと思うんですね。

八名川小に行って、「東雲《しののめ》小で開発した、こういうのがあるんですよー」って見せたんです。そして、一年間研究をやって、授業もやって、それで作ったのが研究紀要です。研究紀要をバシッと作って、研究主任が原稿を持ってきたんですよ。そしたらね、これ（上の表）なんです。ちょっとびっくりしません？　スカスカでしょう？　ほんとに。このとき二年生は生活科の「明日へのジャンプ」

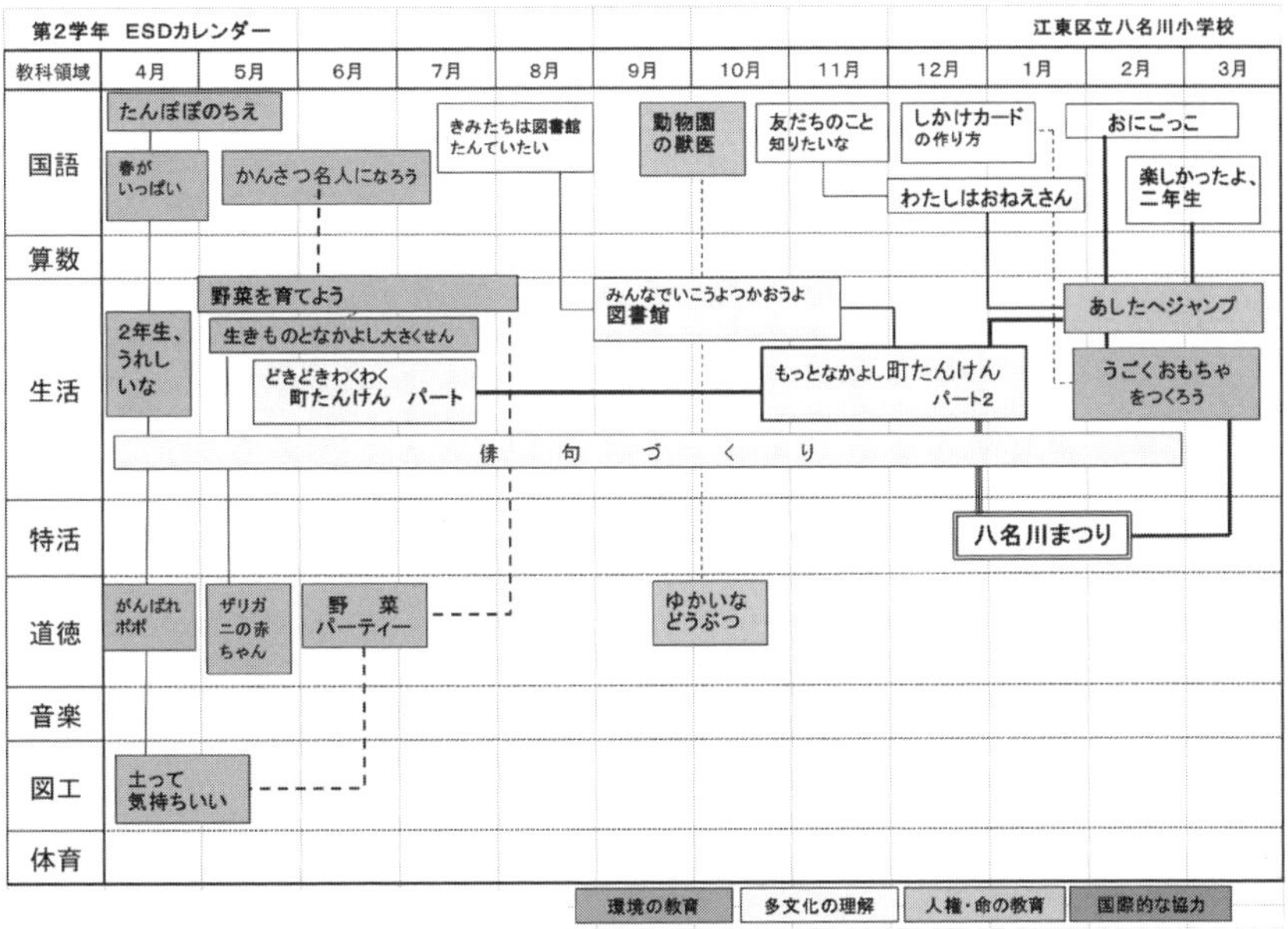


翌年度にできていたESDカレンダー

を「楽しかったよ、二年生」という国語の題材とつなぎました。それから学活でやった「保育園と交流会」とも「つなぎました。そしてやりました」、「そうですか」。でもこれを持ってくる二年生の先生を、私は尊敬しますね。自分たちの取り組みを堂々と持ってくるんですよ。四年生も、六年生も。「江戸の町を調べ、この町のよさを語ろう」みたいな。これしかつながらない。

つまり、先生たちの発想が変わるのには、ものすごく時間がかかるんです。見よう見まねで色を塗ってつなげりゃいいんじゃなくて、自分たちでやってみるとここがつながった、という実感がこの中にあるんだとしたら、それは私は尊重しなきゃいけないと思うんです。

そしてね、研究紀要、そのまま載ってるんです。もうスカスカの研究紀要ができました。でも自分たちがやった単元については、先生たちは自信持ってたんですよ。こういうことやったんですと。だからそれでいいんだ、ということにしました。でも次の年にね、「四月、五月のうちに作ってね」って言うと、ちゃんと作るんです。ちょっと素敵だと思いません？

ほかの学年もやりました。これ、この白い枠の所は（学んだ基礎的内容の活用を表している）がいいと思うんですよ。例えばね、国語で「読書生活について考えよう」とか、「新聞を作ろう」とかね。「アップとルーズで伝える」。アップというのは、わーっと寄って見てみると、あ、ここはこういうことがあるんだ。そしてずーっと引いて見てみると大きな景色の中からこんな所が見える。アップとルーズをうまく使いながら伝えましょう。そういう教材。こういう伝え方の工夫も入れながら学習を豊かにしていくということがいいじゃないですか。そうすると流れができる。で、だんだんその線がね、だんだんこっちに行くにしたがって太くなっていくでしょう。つまり太くなっていくということは、その先がだんだんこう集まってきて川のように流れてきてここに来るんだよ、というような流れが意識できる。視覚的でしょう？

## 6　ＥＳＤの視点を取り入れて　――授業を／先生を、パワーアップする

江東区内で生活総合部の部長になったときに、「生活・総合」に対しての実態調査をしました。そうしたら、総合的な学習の時間をいいかげんに流用してる学校も結構ありました。一般的な調査ではきち

**学習指導要領における総合的な学習の時間の活動例**

例えば
1. 国際理解、情報、環境、福祉・健康などの現代的な諸課題に対応する課題、
2. 地域や学校の特色に応じた課題、
3. 児童の興味・関心に基づく課題、などである。

具体的には、
・「身近な自然環境とそこで起きている環境問題」
・「地域の伝統や文化とその継承に力を注ぐ人々」
・「実社会で働く人々の姿と自己の将来」
などを探究課題とすることが考えられる。

本校では、これらをESDの観点から、次のようにまとめ、例示している。

| | |
|---|---|
| 環境 | 温暖化、水、ごみ、動植物や生態系、防災、エネルギー、放射能、食料生産 |
| 多文化理解 | 国際理解や協力、地域の人々の暮らし、伝統や文化、異質への寛容 |
| 人権や命 | 福祉・健康、ユニバーサルデザイン、生命、人権、災害、キャリア |
| 学習スキル | 情報、表やグラフ、新聞づくり、論文・説明文の書き方、インタビューの仕方 |

んとした回答が寄せられます。しかし、質問の仕方を変えると本音がぽろっと見えるんです。調査のあり方も見直していくことが必要ですね。それで各校が、教科等横断的なきちっとしたカリキュラムを持つように、校長会として改善への取り組みを進めていただきました。隠れた実態をそのままにしないような働きかけも大事でした。

私はね、ＥＳＤカレンダーで使っている四つの視点をうまく活かせば、これは総合的な学習の時間をもっと活性化するのに使えるんじゃないかと思ったのです。それがこれ（上の表）です。今までの学習指導要領で、こういう例示が出てるんです。そしてこれは学習指導要領の解説の中の文言ですよ。これらを全部取り込んで分類できるんです。

例えば国際理解でしょう。情報でしょう。環境でしょう。「職業や自己の将来」といったら、これは生き方、命。こういうふうに考えたらみんなつ

いいじゃないか。そうすると総合的な学習の時間でこういうことやったらいいですよという事例が出てたのを、みんなこのカレンダーの中に、色分けしながらつなげる材料にしてしまえばいいんです。そうすると総合的な学習カレンダーができる。それはカリキュラムと言えるかも知れない。

これ（一九ページの指導計画）をもう一度見てください。東雲小で開発した時にはこれの下の部分がなくて上の部分だけでやってたんですが、八名川小では下がくっついたんです。総合の時間にどういうねらいを持って何時間かけて、そして単元名はどんなものにするか。学習過程を大切にした活動やその学び方。地域の人材との連携は一番下に入れたらいい。その単元でどういう方たちとつながって、どんな活動ができるのかということを計画の中に入れればいい。そうなってくると、学校には、あれも入れてくれ、これも入れてくれ、こっちもやってくれといろんなものが押し寄せてきます。でも、そんな時にも、六年間のカリキュラムに、位置づくものは位置づける、位置づけられないものはお断りする。そういう判断ができるようになります。だって学習指導要領に関係ないものは入れられないんだもの。だから、これは入れます。これは入れられません。ここには関係づけられる程度に触れます。そういう軽重をつけることもできるんです。

こういう地域人材との連携や学習コーディネーターとしての資質が、先生たちにぐっと育つんです。どこに入れたらいいのか。どんなふうに授業に組み立てていったらいいのか、というのもね。ほんとに役に立ちます。

この間、パワーアップ交流会というのをやって、いろんな所から先生方や教育委員会の方が見にいらっしゃいました。こちら（南九州大学）の遠藤先生の事例発表もあり、八名川小の事例も発表して、そのあとで交流会をやってみんなで話している時に他校の先生から「ESDやっててどう？　八名川小学校の先生って大変なんじゃないですか」と聞かれるんですよ。「あんなにやって大変でしょう？」、うちの先生たちはなんと答えたと思いますか。「いいえ、楽です」、「楽になりました」って。そして「私、いま六年生を受け持っているけども、何年生を受け持っても大丈夫です」、「え、なんで？」、「だって、どの学年にいっても、このESDカレンダーがあるんだから。何やったらいいのか分かるし、どうやってつないでいったらいいのか、もう分かるから、そんなに苦労しないで済む」って言うんですよ。いいでしょう。ね。

それでね、先生たちの机の上に一台ずつあるパソコンがネットワークになってる。共有フォルダの例えば「二年の実践」を開けて「〇〇の授業」という単元名をクリックする。そうすると右側にこんなのが開いて、授業に使うワークシートやお願いの手紙だとかお礼状だとかグループ表だとか、全部この中に入っている。だから次の学年の人はどうしたらいいか、それを使ってちょっと見直してみる。「この店は、今年は行かないけど、こっちは入れましょうね」とか「この手紙の日付を変えるぐらいでお礼状作成が済んでしまいました」とか。こうやって次のステップに進められる。そうすると楽でしょう。こういうの作っとけばいいんです。そうすると学びは継続するし、毎年毎年ちょっとずつ工夫すればいいから、そのちょっとずつの工夫を重ねてそれが四年間たまると、ものすごい蓄積になる。

## 7 「子どもの学びに火をつける」──問題解決的な学習過程の重視

さて、いよいよ本丸です。問題解決的な学習の充実、この部分をどうするか。実際に授業をやるには、これだけじゃうまくいかないんです。もう少し詳しく具体的にしていく必要がある。それはさっきの話でね、屋根の上の雪の重さから入るのか、それともまず二メートルの棒を持って町を歩かせた方がいいのか。そういうところの部分です。つまりどういう火のつけ方をするのか。子どもたちが本気になるかどうかが勝負です。

それで、最初のところで学びに火をつける導入を工夫しようじゃないか。火をつけられないなんて授業者として能力不足だぞ、と言います。ちょっときつい言い方なんですけどね。要するに決まったものを教えこめばいいというのは保守的な仕事の仕方です。でも、あなたたちは教師だったら、子どもが本気になるかどうか勝負しなきゃだめなんじゃないの、と。そのためにはこの部分でどういうことをやってね、火がつくかつかないかの勝負してほしいんだよ。そしたらあとは調べたりまとめたり伝え合ったりすることをさせるんだけど、子どもは勝手にやっていくんだよ。「行くぞーっ」となったらどんどん行く。場合によっては「そんなに走るんじゃないよ」って言いながら先生はあとから追っかけてってね。途中で資料を、こんなのあるよと言ってあげたりする。

はじめの問題を作る時にはね、本当にやりたいという「必要感」。そして、これをやってうちの父ちゃん母ちゃんたちにも教えてやりたいよという「使命感」。それが、この町に生きてる一人として町の未来を創りたい、安全な町づくりをする一員としてやっていきたい、そういう「責任感」につながる。それらを子どもが感じるような、そんな問題作りをしていくことが大事だと思うんです。

こういうことをやっていくと、子どもたちはいろんなアイデアを出し合って学習を進めるし、少数の意見も大事にする。だからいいことがいっぱい出てきます。あいつは成績悪いけども、なんて関係ない。アイデアだからね。成績悪いって言われてる子は、本音で語るやつなのね。建前で何か物事を進めるのは得意じゃない。でも、本音には世の中を変える力がある。だからそういう子の意見も大事にされるべきで、こういうやり方をしていくと、本音の大切さも見えてくる。

それから発信力もつきます。江戸の町を調べるということを着任一年目にやって、深川の町の良さは何だろうかと。いやあ、芭蕉でしょう。松尾芭蕉が暮らして「蛙飛び込む水の音」なんて歌。あそこが大事だと一生懸命調べ、それを模造紙に書いて発表しました。原稿を読みながら……。

その時の写真を見せながら次の年の六年生に「去年の人たち、ものすごくいいものをやったんだけど、この発表の仕方については、どう思う?」、「これはないんじゃないですか、先生」、「じゃあ、どうしたらいいの?」、「顔見て話した方がいいんじゃないですか」、「そうだね。でもそのためにはどうしたらいいかな?」、「先生、原稿なんて覚えたらいいじゃないですか」。で、ちょっとした簡単なメモだけを持って自分の言葉でやりました。

次の年には、前年の発表の様子が、新聞に写真入りで載った子がいたので、「なんでこの子は新聞に載ったかというと、つまりこの釣り竿を使ってね……」と説明しました。すると道具を使ったり、実物をこうやって見せるということは本当にいいことなんだって気がつくわけですよ。その三年目の子は実物をやるだけじゃなくて、衣装を工夫します。江戸深川と言ったら「私たち、これ着ていいですか」って浴衣持ってくるんですよ。で、あっちの班が浴衣着たら、こっちの班も浴衣だけじゃなくて下駄まで履いてくるじゃないですか。こっちの班はね、半纏《はんてん》を着て鉢巻きして、のれんのかかった屋台を作ってね、そこから首出して、屋台から身を乗り出してプレゼンし始める。そこんところに今度はね、こんなの（両天秤《てんびん》で桶を担ぐ仕草をする）が出てくるわけ。「変なのが出てきましたね。なんでしょうね」、「いや、あれはね……」。こうやって掛け合いを始めるわけですよ。もう劇になってるわけ。劇仕立てで何かを伝える。そして「あれはね、水を売りに来てるんですよ。この辺はね」というような話になってくるわけです。

毎年六年生は五年生に向かってそのプレゼンをして、五年生はそれを見て次にそれを超えようとするんですが、「去年こんなところまでやっている」と、今年の六年生はみんな困りました。去年を超えるにはどうしたらいいか。

そこで、今年の六年生にはこう言いました。「去年のやつは素晴らしかったな。あれを超えるには技術的にはもう限界まで行ってる。君たちは、学び方を変えてみないか」。つまりね、去年の子たちはたいへん詳しく調べるところでは、先生と一緒になって調べてます。一緒にビデオを見て止めてもらっては書いたりして。だから教師主導はまだ残っていた。「でも今年、もしかしたら君たちはその学びを超えられるかもしれないんだけど、どうやったらいいだろうね」と声をかけました。そしたらその日の午後から子どもたちは突っ走るわけ。つまり自分たちが調べたいテーマを探しに、深川江戸資料館に行ったり、図書館に行ったり、なんかそれぞれに。で、深川江戸資料館から電話がかかってきました。「校長先生、なんだか子どもたちが、ここのところ毎日、何人も来るんですよ。本当は子どもだけで入れちゃいけないんですが、八名川小学校だから、一応私たちくっついて対応してるんですけど。これいつまで続くんですか」って。そんなの分かんない。でもそれは申し訳ないから、学校でも何とか対応しますと言って、ちょっと指導を加えてもらいました。

つまりね、子どもたちには学び方を進化させる力があるんだと信じて、例えば前の学年のものをどこかで見せていくというような仕組みをうまくつくっていけば、どんどん変わっていくんですよ。毎年毎年子どもは進化する。そんな学校って素敵だと思いません？　そういう学校をつくっていくのが大事なんです。つまり、伝え合うことがとても大事。「八名川まつり」というのをやるんですけども、ここで各学年がそれぞれプレゼンコーナーを作る。そこに自分たちが学んだことを、楽しみながら体験してもらうようなコーナーを作り、全校児童が「前半のグループやりなさーい」、「これで終わりまーす」、「じゃあ、後半のグループやりまーす」、「どうぞー」と、ぐるぐるやる。幼稚園の子も来る。保育園の子も来る。本当は中学校もうまく巻き込みたいなと思うんだけど、まだそこまではない。

研究も全部、公開します。「研究授業、よかったら見に来てください」って言うと、ユネスコスクールのことをPTAだよりで取り上げてくれる。その中身ですごくよかったのは、「保護者がサポートできることは何でしょう。保護者どうしがお互いに信頼し合っていくこと、そして地域の一員として学校や地域の活動に参加することです。それから子どもの生活が世界とつながっているという意識を持つことは、親にとっても大事だと思います」。こう書いてくれるんだよ。素敵だと思いません？

そういうわけで、ＥＳＤパワーアップ交流会などをします。こちらの遠藤先生にはこれに来ていただいたんです。先生はこの場にご自分の実践を持ってきてくださって。沖縄の慶良間《けらま》のシカと自然保護の問題と、子どもたちがどうしたか発表したり、集まった方たちも情報交換したりしながら、学びを深められる。こういう場もつくっているんですね。今まで「参観」してた保護者も「参画」するようになる。地域も参画するようになる。こういうのが大きな変化です。

## 8　ＥＳＤは日本の学力を向上させる

最後にこんな話をします。総合の学習をやるとね、どういうことが起きるかという、文部科学省の全国学力・学習状況調査の話です。

こちらの資料、「1」は、「自分で課題を立てて情報を集めて整理し、調べたことを発表するなどの学習活動によく取り組んでます、僕たちの学校ではこれはよくやってます」と答えた子たちのグループです。そして「4」は、「うちの学校はそんなのやってないと思います」と答えた子たちです。国語のＡ問

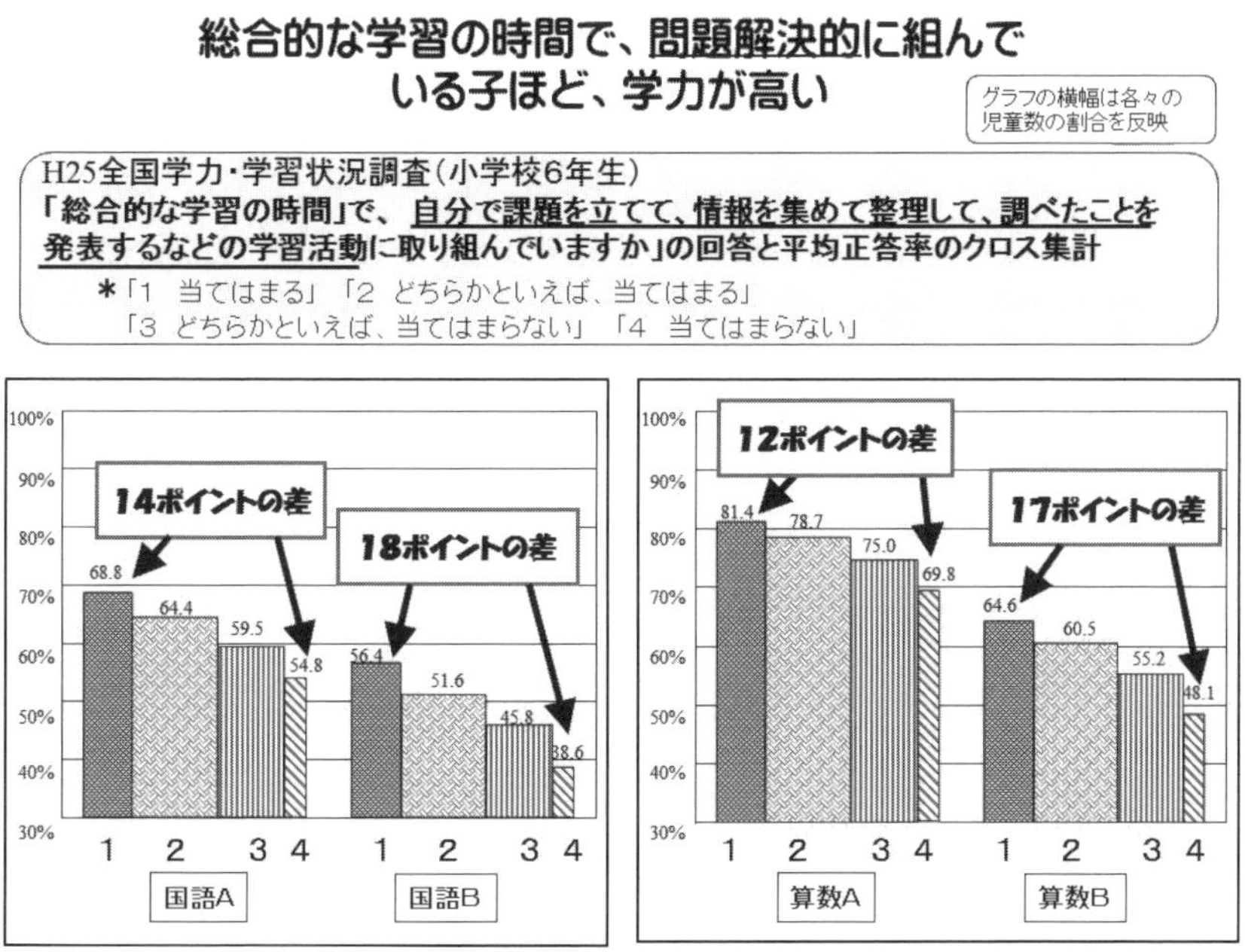
総合的な学習の時間で、問題解決的に組んでいる子ほど、学力が高い
グラフの横幅は各々の児童数の割合を反映
H25全国学力・学習状況調査（小学校6年生）
「総合的な学習の時間」で、自分で課題を立てて、情報を集めて整理して、調べたことを発表するなどの学習活動に取り組んでいますか」の回答と平均正答率のクロス集計
＊「1　当てはまる」「2　どちらかといえば、当てはまる」
「3　どちらかといえば、当てはまらない」「4　当てはまらない」
100%
90%
80%
70%
60%
50%
40%
30%
14ポイントの差
18ポイントの差
68.8
64.4
59.5
54.8
56.4
51.6
45.8
38.6
1　2　3　4　1　2　3　4
国語A
国語B
12ポイントの差
17ポイントの差
81.4
78.7
75.0
69.8
64.6
60.5
55.2
48.1
1　2　3　4　1　2　3　4
算数A
算数B

題という基礎・基本の問題の学力で比較すると、全国学力・学習状況調査で一四ポイントの差が出たそうです。B問題、応用・活用の問題では、一八ポイントの差がついたそうです。算数ではどうでしょう。同様に大きな差がついたそうです。中学校もこういう結果が出ているそうです。このデータ、文部科学省の田村学調査官（当時）が、「こんなのを作ったんで、よかったら紹介して」と言って、くださった資料です。

　学力が高いといわれているある県の子どもたちでは、「私たちの学校では総合をきちんとやってます」と答えた人が八割を超えました。全国平均の小学生六年生では、六割しかいない。そしてその県の中学校でも八割の子どもたちが「総合をしてます」と答えました。全国の中学校では総合的な学習の時間というのは、寂しいことに五割ぐらいしかきちんとやってないといわれてます。残念なことに東京都では、この調査が出たあと東京都中の校長を集めて、基礎・基本が徹底できるように、どんな子でも前の学年で九九ができなくてそのまま上がっていく子がないように、徹底してドリルでトレーニングをしなさい、こういう指示が出ました。調べたり、発表したりということについての指示は一切ありませんでした。ほんとにこれで学力は高くなると思ってるのかなあと私はびっくりしたんですよ。

つまり学力というのは、その子の持っている氷山の、上に出ている部分でしょ。これがテストやなんかで測れる部分です。これを高めるために、上の部分だけを積み上げていっても、下の部分がしっかりしていなかったら、これは沈む。そういうもんだと思うんですよ。つまり、下で支える部分の学力をきちっと学習させて、そしてしっかりした生きる力を育てて、学習は面白いだとか、これが楽しいだとか、活用していくことがすごい価値があるとか、あそこで学んだことがここで使えるぞとかいうような、こういう学びをいっぱい持ってる子は、それを活かした学びを積み上げていくこともできるし、その結果として出てくるものが大きくなってくると思いませんかって感じるんですよ。そういうことを考えなしに、詰め込みをやったら学力が伸びるというふうに考えるのには疑問を感じますね。

最後に日本からの発信。今年は日本のＥＳＤ十年の取り組みの最終年ですね。それはやっぱり総合っていうのが日本にあって、これはほんとに価値あるものなんだということを世界に発信していくことが大事なんじゃないかと思います。そしてそういう学びのあり方を、日本ではこういう成果が出てますよというように発信し、また世界の方々と一緒になってそういう子どもたちを育てていきましょう。お互いを人として尊重し合える子どもを育てて、一緒にこの世の中の厳しい問題にも立ち向かっていく。そういう教育を進め、いい時代を創る努力しませんかという、そういう発信をしてもらいたいなと思ってるんです。

そんなところで時間が来ました。どうも失礼しました。

# 第一章　学校にESDを取り入れるということ
## ——教育の未来、学習指導要領

### 1　「持続可能な社会の創り手」の育成を目指す日本の教育へ

従来の学習指導要領では「児童の人間として調和のとれた育成を目指し」と、個人の成長を目指していたのですが、今回の改訂では新たに「前文」が設けられ、「多様な人々と協働しながら様々な社会的変化を乗り越え、豊かな人生を切り拓き、持続可能な社会の創り手となることができるようにすることが求められる」ことが明記されました。自分自身の豊かな人生だけでなく、多様な他者と力を合わせて「持続可能な社会の創り手となる」よう強く求めているのです。

私たちの世界では、温室効果ガスの増加で地球の温暖化が進み、様々な弊害が顕著になってきました。また、交通や情報網の発達によってグローバル化やそれに伴う格差の拡大も進むなど、様々な課題が生まれています。更に、ＡＩ〈Artificial Intelligence〈人工知能〉〉が人間の脳の働きを超越し、人間の能力と社会のあり方が根底からくつがえされる日も近いと予測されています。

このように私たちの未来には、素晴らしい可能性の裏で、その具体的な姿を誰も描けないほど、予測

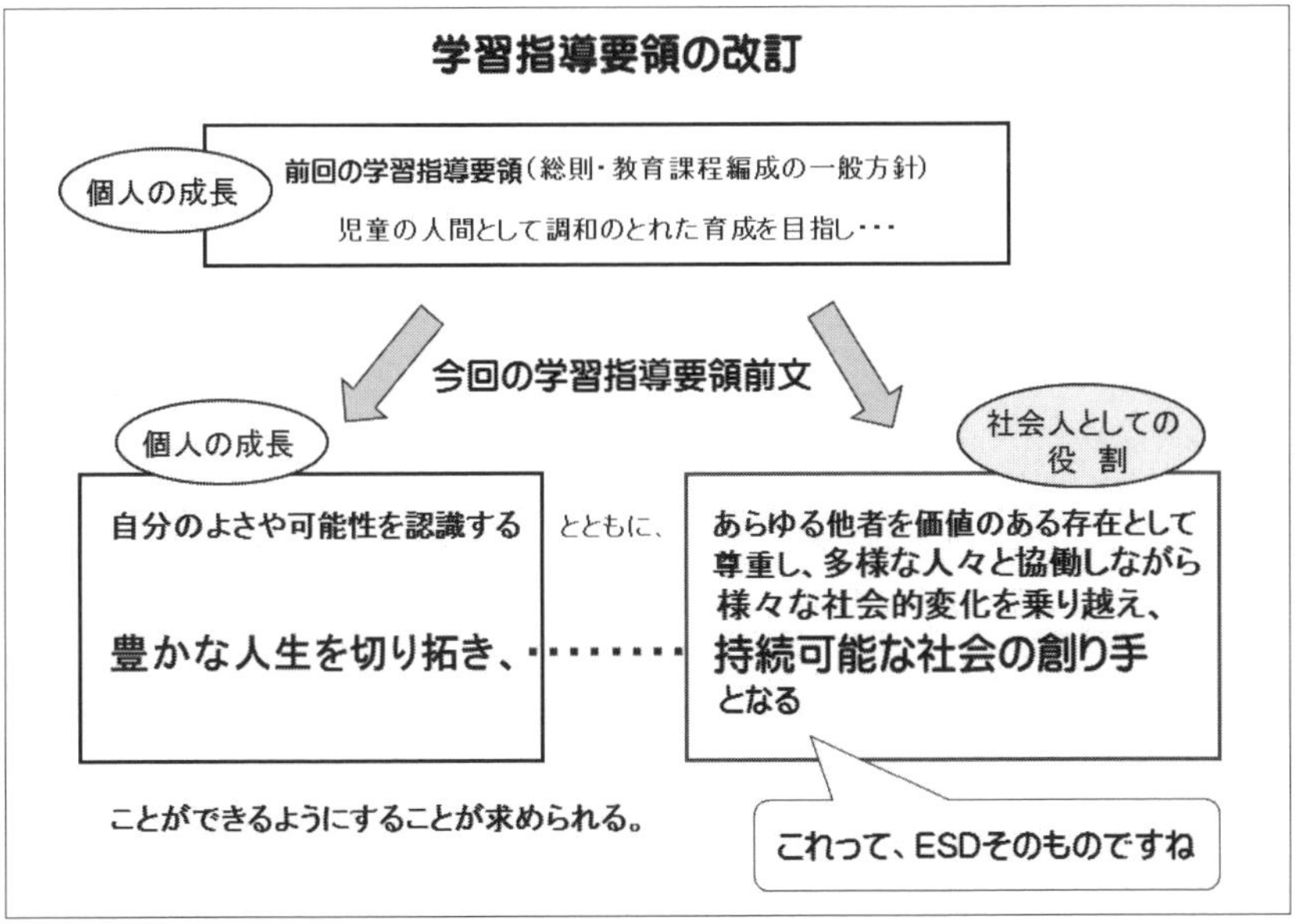


不可能で変化の激しい社会が待っているのです。いち早く問題に気づき、それを共有し、様々な知恵や見識を集めて答えを探り、素早く、力を合わせて取り組まないかぎり、人類として生き残ることさえ難しい時代であり、世界なのです。そのような時代や世界を生き抜く子どもに育てるために、日本の英知が集まり、協議を重ね、ＥＳＤの考え方を踏まえてこの国の学校教育を根本から変えようとしたのが、今回の学習指導要領改訂なのです。そして、この意図を読み解き、具体化していくのが、教育委員会や校長の果たすべき役目です。このような視点から大胆に構え、新しい時代の教育のあり方を各学校教育において実現していくことが求められているのです。

　学習指導要領「前文」に示されるこのような時代観、世界観に基づいた教育は、世界においては、国際連合の総会で「持続可能な開発のための教育（ＥＳＤ）の十年」（二〇〇五～二〇一四）が採択され、取り組みの始まった頃から、本格的に動き出しました。また我が国では、教育振興基本計画が閣議決定された二〇〇八年頃から、政策上で明確に意識されるようになってきました。

当時は、地球温暖化の影響についても、現実的な世界の課題としての認識が広がり、またインターネットの普及が世界のあり方を瞬時に大きく変えることへの危機意識が高まってきた頃でもありました。

## 2　ＥＳＤによる未来型学力への転換

ＥＳＤは、Education for Sustainable Development の頭文字をとったもので、「持続可能な開発のための教育」と訳されています。地球規模の課題の解決につながる新たな価値観や行動を生み出し、それによって持続可能な社会の創造を目指す教育のことで、国連を中心にユネスコが主導しています。日本国内でも二〇〇五年以降、関係省庁連絡会議が設置され、教育振興基本計画の中に位置づけられ、また、学習指導要領改訂の指針としても大きな影響を与えてきました。

私も二〇〇五年以降、ユネスコスクール（当時はユネスコ協同学校と呼ばれていました）の校長としてＥＳＤを中心とした学校経営を進め、ＥＳＤの推進が日本の学校教育の質と価値を高めることについて、実践を通じた成果と確信を持っておりました。ですから、これを日本や世界に広めたいと思い、実践や発信を続けてきました。その関係から、政府のＥＳＤ円卓会議委員として関係省庁連絡会議等に参加させていただいたほか、ユネスコと日本政府が共催するＥＳＤ世界会合にも招かれ、日本のユネスコスクール等におけるＥＳＤカレンダーを活用したＥＳＤ実践の普及・拡大とその価値について発信を続けてきました。

ＥＳＤという名前や、「持続可能な開発のための教育」という訳語からは、何のことだか、具体的な良さや姿がよく伝わりません。優れた教育理念でありながらも、多くの教育関係者に伝え、広めるのにＥＳＤ関係者は苦労を重ねてまいりました。しかし、それらの努力のおかげで、ＥＳＤの理念は、学習指導要領改訂の根幹に据えられ、日本における教育の大改革が進められることになりました。この教育改革の理念とその素晴らしさを多くの国民や教育者に正確に伝え、確実に実践されるよう、関係者間の連携と一層の取り組みが必要です。次の記事もそのような意図から発信したものです。

## 『未来型学力への転換』～学習指導要領の改訂について～

政治も経済も科学技術も、全てが激変する時代を迎えている。人の生き方も働き方も大きく変わろうとしている。世界中の最新知識があなたのてのひらに集まる時代に、どのような教育が求められるのだろうか。

その答えが今回の学習指導要領改訂にある。

整然と並んだ指導内容を通して、過去の知識を分かりやすく学ばせる過去型の学習指導要領から、変化の激しい時代を生き抜くための思考力、判断力、そして実践力を育む未来指向型の教育への大転換が進められようとしているのである。だから主体的・協働的に学ぶアクティブ・ラーニングが求められ、環境・人権・国際理解等の視点から学びを統合するカリキュラム・マネジメントが必要になるのだ。二〇三〇年の未来を創るために必要な資質・能力を全ての教育活動を通じて育成し、「困難な課題にも立ち向かい、様々な人々と力を合わせて解決し、より良い未来を創ろうと行動する子ども」を育成しなくてはならない。

それゆえに、入試改革も同時に進めなくてはならない。「今までの学力」だけでは、通用しない世界なのである。中学も高校も、受験を言い訳にしている時ではない。指導観や教育観をかえられない教員は、皆、不要である。全ての教育関係者・ジャーナリストが「学びを本質的に変えない限り、日本に未来はない」という危機感を持って、学習指導要領の改訂を受け止め、未来型学力への転換を全国民に伝えよう。道徳も、英語も、アクティブ・ラーニングも、それだけでは枝葉の内容である。枝葉にとらわれずに、教育改革の本質に立ち向かう勇気と決意、それを国民に示す姿勢と努力が、文部科学省、全ての教育委員会、そして全てのジャーナリストに、今求められているのである。

文部科学省は、優れた学習指導要領をまとめるまでが自分たちの責任だと思っているのではなかろうか。目には見えにくい改訂の本質をジャーナリストや国民に分かりやすく伝え、全ての学校教育を変えるまでがあなた方の責任と考えて欲しい。それを怠ると前回の改訂時のように、「円周率を3・14で教えないのはなぜか」などというくだらない方向の議論になったり、『ゆとり教育』などと的外れの誤解が広がったりするのである。

知識伝達型から真理探究型へ、ドリル型からプレゼン型へ、過去型学力から未来型学力へ、今回の改訂で教育のあり方を大きく変えていこう。これは日本のチャンスなのだ。

――二〇一七年二月二日号教育新聞一面

記事としては以上ですが、そうは言っても、文部科学省の方が、自分勝手に発信することは許されないのだろうと思います。国家公務員として、勝手に広報する権限もないのだろうし、公的な文書を発表するだけで、仕事としてはそれ以上の踏み込みは許されないのでしょう。書き方を反省したところです。

しかし、そうだとすると、各メディアの担当者が、発表内容を一読して「多様な他者と力を合わせて持続可能な社会の創り手となる子どもを育てる」という大きなチャレンジと、そのための方策として、「教科等を横断的につないでカリキュラム・マネジメント」をすることや、「主体的・対話的で深い学び方を工夫する」ことが重要であること等をきちんと理解できるとは思えません。その結果、英語の時数確保や道徳の教科化、あるいは社会科で我が国の領土の扱いが変わった

メディアに向けた発信

ことなど、改訂の枝葉末節ばかりが大きく取り上げられ、本質が全く伝わらないという、前回までの改訂報道の二の舞になるのは間違いないと危機感を抱いたのです。

そこで、全国のメディアの連絡先を調べ、テレビ局の報道局長さんや各県の有力地方紙も含めた新聞社の編集局長さん宛に「持続可能な社会の創り手の育成を目指した未来型教育への転換」をお伝えしようと、手紙作戦に取り組んだのです。

このような取り組みの結果で、日本の教育改革が少しでも良い方向に進むのだとしたら、教育者として取り組んできた甲斐があると考えてしまうのです。日本中の学校のあり方をより良くするためなら、いつだって「今が頑張り時だ」と思えてしまうのです。

## 3　日本の教育を変えるという夢・持続可能な世界の実現への夢

### ――ＳＤＧｓを踏まえたＥＳＤへの取り組み

ＳＤＧｓ（エスディージーズ）はSustainable Development Goals（サステイナブル　ディベロップメント　ゴールズ）の頭文字をとったも

のです。持続可能な世界づくりに向けて一七の具体的目標が分かりやすく示され、企業等も、その一つ一つに向かって一斉に取り組みを始めています。しかし、これをＥＳＤという教育の視点から見た場合、とりとめもなく一七項目が並んでいるだけで、活用しにくいという欠点がありました。このままではＥＳＤとＳＤＧｓとの関係が分かりません。

そこで、本校ではこれをＥＳＤカレンダーで取り組んできた「環境」「人権」「多文化理解」の視点から分類し、従来のＥＳＤカレンダーと関連づけてみました。ＥＳＤがＳＤＧｓ推進の中心であることも明確に示しています。そして、項目ごとにどのような実践をしているのか、主な学年と単元名を入れ込んでみました。するとこれは、自校のＥＳＤがＳＤＧｓの内容を余すことなく取り組めているかを確認するのに適し

**SDGsの全てを統合・網羅している　6年間の実践計画表**　江東区立八名川小学校

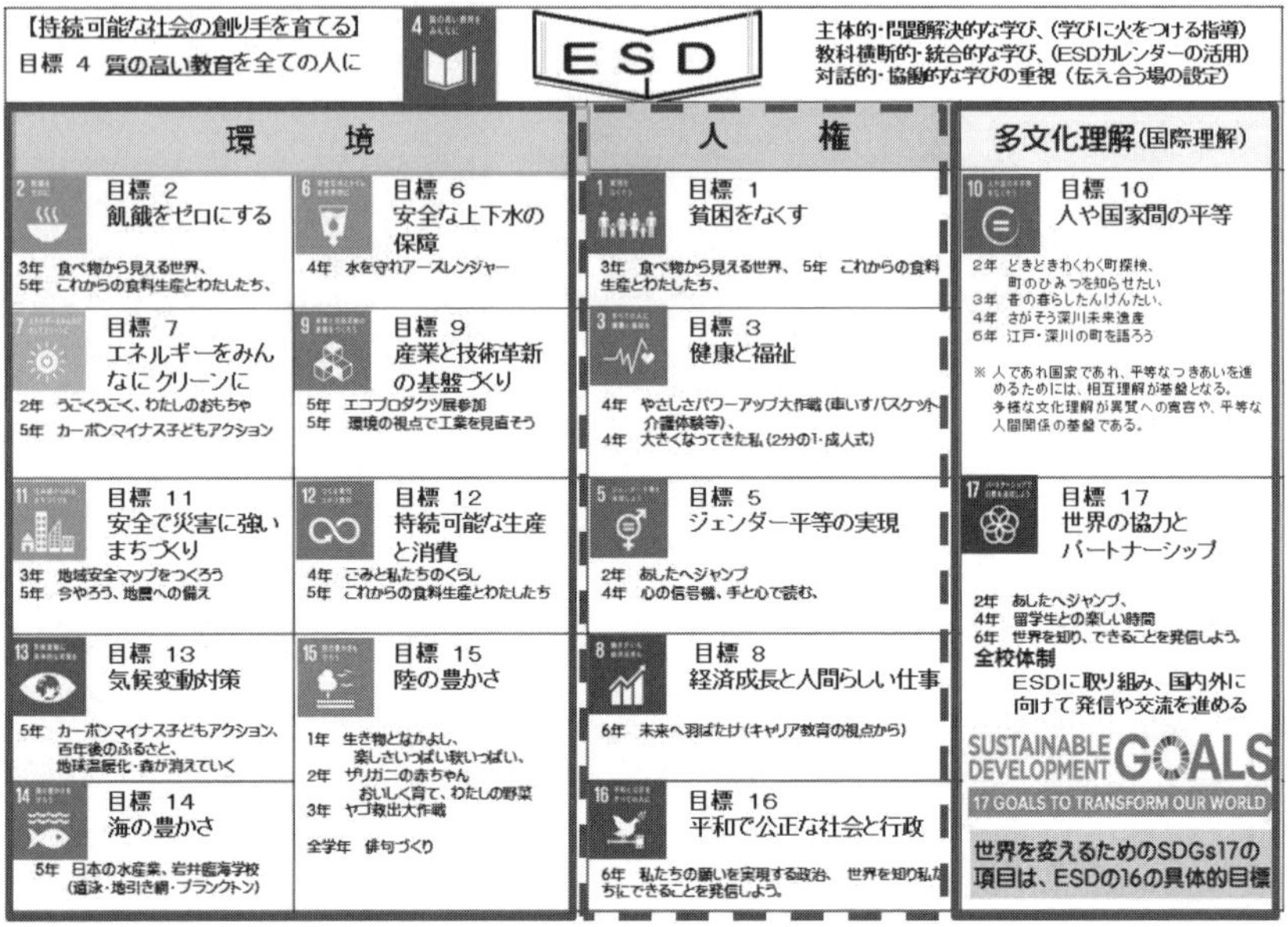


ていることが分かりました。実践評価表としての価値もありました。自校の取り組みが持続可能な社会づくりの担い手の育成にどこまで取り組めているか、一目で分かることになります。そして、「本校のESDは環境に偏っているな」などと、自校の取り組みを評価できるのです。

八名川小学校でも、さっそく4番のESDを除いた一六項目に単元名や学年を入れてみました。すると、六年間の教育課程を通して、全ての項目に実践が、見事に入っていることが分かりました。つまり、本校のESDはSDGsの具体的な目標に向かうきちんとした教育活動として展開できていることが明らかになりました。これは、八名川小学校の職員の努力の成果だろうかと心からうれしくなりました。また、その基盤として、学習指導要領に基づいた日本の学校教育では、従来から世界の課題と向き合ってきたのだと、誇らしくもなりました。

今回改訂された学習指導要領の前文を読めば、日本が、国連総会で満場一致で採択された「ＥＳＤの十年」（二〇〇五〜二〇一四）の提唱国だったことも、誇らしく思い出されます。学習指導要領解説の「総合的な学習の時間編」を読むと、ＥＳＤという言葉こそ使っていませんが、日本の教育でＥＳＤをどのように進めたらよいのかが、手に取るように分かります。具体的で優れた論と説明にあふれています。しかし、前述しましたように、それを学校という教育現場の一人一人が理解し、二一世紀の極めて重要な教育改革として組織で取り組み、子どもたちの姿として、あるいは未来の大人の姿として実現するのは、並大抵のことではありません。でも、文部科学省が「機関包括的」にこの課題に取り組んでくださっていることに、心から感謝しております。ご関係の方々、ありがとうございます。ありがとうございます。「あとは現場の責任ですよ。各教育委員会の皆さん、校長先生方、そして全ての職員の皆さん、頑張ってくださいね」、「保護者や地域の皆さん、企業や関係機関の皆さん、学校の先生方を応援するだけでなく、しっかりと連携・協力して、この国と世界の未来を創ってくださいね」という声が、青空から響いてくるように感じます。

さて、私たちにとって持続可能な社会の実現が共通の課題だとしたら、優れたアイデアは決して自分だけのものにしないことです。みんなが協力しないかぎり、世界を変えることなんてできるわけがないからです。ですから、ＥＳＤカレンダーも、それを説明するプレゼンも、その後の研究紀要も、自校だけで独占することなく、いつでもお配りしてきました。ユネスコスクールの全国大会は平成二九年度で九回目に

なりますが、渋谷教育学園で開かれた第一回の大会以来、毎回何らかの発表をさせていただき、その際に使うプレゼンデータ等の資料は参加者全員分を用意し、CD等で皆さんにお渡ししてきました。また講演等にお招きいただいたときにも、同様に心がけてきました。合計すると数千枚のプレゼンデータや資料等を配ってきました。実際に開いて参考にしてくださる方が二〜三パーセントほどだとしても、その方から広がっていけばいいと思っておりました。このようにしてESDも広がり、学習指導要領も一新しました。また、ESDの推進拠点であるユネスコスクールも一〇〇〇校を超えて、勢いは止まりません。ユネスコスクールの皆さんは、まずはESDの推進拠点としての役割を再認識し、学習指導要領の具現化に尽力してください。それと同時に、

日本の実践とその成果を世界に向かって、一層しっかりと発信していきましょう。日本だけでは生き残ることもできないグローバルな世界なのです。世界とつながるツールもあふれています。ですから、発信する価値のある教育を実践することと、それを世界と共有し、持続的に発展させることが求められているのです。

私は、公立小学校長としての役目を二〇一八年三月で終わります。あとは皆さんお一人お一人が教育の責任者として頑張ってくださいね。皆さんの活躍を心より応援しています。

※　右の図は、「質の高い教育」つまりＥＳＤを中心に据えている。「ＳＤＧｓの全てについて学び、調べ、問題の解決に向けて主体的に行動する」という強い意志や態度の育成が重要であることを、明確に示したものである。

ＳＤＧｓは一七の目標と一六九のターゲット（達成基準）からなる。それぞれの目標にターゲットが設定されるが、4番「質の高い教育をみんなに」には一〇のターゲットがあり、初等・中等教育、就学前教育、高等教育、職業教育、脆弱層の教育、識字・計算の教育、施設等の環境、奨学金制度の充実、教員の養成等の内容がある。ＳＤＧｓの4番を従来の「Education for all」に引きずられて「全ての人々への読み・書き・計算」と捉えていると、それは「質の低い教育をみんなに」になってしまう。重要なのは、ターゲット4－7にある「……全ての学習者が、持続可能な開発を促進するために必要な知識及び技能を習得できるようにする。」というＥＳＤの理念である。「質の高い学び」なしに、行政の指示でイベント的にその他の十六項目に取り組ませるなどという愚行は、ＳＤＧｓからいちばんかけ離れた施策となりかねないのである。

Column

# 私の教育観を変えたESDメガネ

江東区立八名川小学校主幹教諭　黄地健男

「何のために学ぶのか?」全校朝会で手島校長が子ども達に質問を行った。二〇一〇(平成二二)年四月のことである。教師歴二二年、子ども達に毎日勉強を教えている私にとって、考えもしなかった問いであった。その言葉を聞き、私は「進学や就職など自分の夢を叶えるため」「お金を稼ぎ自立した生活を送るため」「様々なことを学ぶことで人生を豊かにするため」といった考えが思い浮かんだ。おそらく多くの方がこのような反応をされるのではないだろうか?

現在、その問いに対する私の考えは、「変化し続ける環境に対応し、人と関わったり自分に問い続けたりすることで、自分や社会の幸せな生活を築く知恵をバージョンアップするため」となった。これは誰もが納得できる答えではないかもしれない。また、自分の成長や時代の変化によって変わっていくかもしれない。しかし、大事なことは、私の教育観が大きく変わったということである。それはいったい何が原因なのだろうか?　そう、それはESDである。

ESDを指導することで、私のかけている近視用のメガネがESD仕様に変わった。ESDメガネをかけてみると、授業における指導法と子ども達の姿、保護者・地域と学校のつながりが違って見えるようになったのである。

まずは、授業における指導法と子ども達の姿について述べたい。ＥＳＤに出会う前の私は、授業を行う時、一週間の授業をどのように組み立てて、スムーズに行うかで頭がいっぱいであった。また、子ども達は学習内容を理解する力に差があり、それぞれの子どもにどのような手立てを行うかを考えることが私の大きな仕事の一つであった。そのため、子どもの実態を把握するために、どのようなことを知っていたりできたりするのかといった知識・技能面に重きを置いていた。しかし、ＥＳＤカレンダーを作成し各教科のつながりを意識したり、どの教科でも共通した学習過程で指導したりすることで、授業の俯瞰的な見方ができるようになり、指導が変わったのである。

例えば、導入の問題づくりでは、子どもの考えのズレを生かした問題づくりを意識して行うようになった。そうすることで、習熟の差に関係なく、どの子にも問題に対してなぜだろうと驚きをもつ姿が見られるようになった。すると、子どもの実態を把握する内容も、子ども達は何に興味をもちどのように考えているのだろうかといった興味・関心や子どもの考え方にも目がいくようになった。授業を行っていても、子どもの願いや思いから授業がスタートするので、多くの子が自分の問題として取り組み、授業に満足する場面が増えていった。そうなると、今度はどのような発見を子ども達がしてくれるのだろうかと、授業を行うのが楽しみになった。すると、子ども達を見る目もどんどん変わっていった。一人だけみんなと違う考えを発言したり、発言の内容が当を得ていなくてもその場の雰囲気を温かくしたりする子を授業で生かせるようになり、一部の子だけが活躍する授業が少なくなった。考えの違う子どうしをグループにして話し合わせたり、少数の意見を取り上げて価値づけを行ったりする場面を増やすことで、誰もが安心して発言できる授業を行うことができるようになった。また、この雰囲気は授業以外にも影響を与え、金子みすゞさんの詩にある「みんなちがって、みんないい。」がイメージできるような誰もが安心できるクラスの雰囲気を作り上げることにもつながった。

次に保護者・地域と学校のつながりについて述べたい。ESDに出会う前の私は、学校の役割は、保護者・地域の皆様が大切に育てている子ども達を預かり、学習内容を定着させたり集団生活のルールを身につけさせたりすることであると考えていた。もちろん、その役割は今でも大切だと考えているが、学校には地域の未来を創ったり地域の絆を深めたりする役割もあると複眼的な見方ができるようになった。それは、授業を計画するにあたって、保護者・地域が授業に関わる機会を数多く設定したからである。まさしく、「授業参観から授業参加」へと意識の転換を図った結果である。

例えば、本校では総合的な学習の時間に地域をテーマとした学習（第三学年・地域の祭りや町会調べ、第四学年・バリアフリー、第五学年・防災、第六学年・地域の歴史調べ）を各学年で行っている。どの授業も校区を学習の対象にしているがテーマが違う。よって、子ども達はそれぞれの視点で、自分たちが住んでいる地域を再認識し、考えを更新していくのである。調べる場面では、教員がコーディネートを行い、子ども達に本物の体験をさせたりインタビューを行わせたりするなど地域の様々な大人の協力を得て展開していく。単元末の伝え合う場面では、学習した成果を発表する「八名川まつり」を行う。そこで、子ども達は異学年の児童や地域の大人に自分たちの考えを提言する。そして、参観者からは温かいながらも厳しい質問を浴びせられる。このような活動を通して、地域の大人達は、近い将来地域を支える人へと成長する子ども達に地域の未来を託すのである。また、これらの学習を行うことで地域の大人どうしの関わりが増え、絆が深まっていくという相乗効果もあった。

　これまで述べてきたように、手島校長が私に手渡したＥＳＤメガネは、私に見えなかったものを気づかせてくれた。そして、「何のために学ぶのか?」という私の教育観を大きく変えたのであった。

　また、ＥＳＤを通じて日本全国の教員と実践を交流したり世界各国の教員と情報交換を行ったりしたことも貴重な経験であった。スウェーデンから来校されたオレブロ大学のヨハンオーマン先生は、「私たちの国の学校教育の理念は民主主義を学ぶこと」と話されていた。様々な立場の人の考えを尊重し合い、最適な解決策を練り上げる教育を大切にしているのである。アメリカのある学校の教育理念は「ジャイアントな人を育てること」であった。寛容的な心の大きさを備えた人物を育てたいという意志を感じた。それは、自分たちの学校が目指すものは何であろうかと考えるきっかけとなった。現在の子ども達の課題や彼らが生きていく時代を踏まえ学校全体で議論を行い、子ども達には「①困難に立ち向かう姿勢、②多様な人と共創する力、③物事を変えようと行動する力」といった力を身につけさせたいということで一致した。それぞれに「①芯、②心、③進」といった漢字をあて、「しん（芯・心・進）のある子の育成」をスローガンとした。

　皆さんもＥＳＤのメガネをかけて足下の教育を見つめ直してみてはいかがでしょうか。一人一人の子どもの成長、一つ一つの学校の変化を積み重ね「真の教育」を進めていくことで、子ども達の幸せな未来を共に創っていきましょう。

# 第二章 ESDの効果
## ——学力向上、そして教育の本質

### 1 教育観を変えられない校長たちの姿に、過去の自分の姿を重ねる

学習指導要領の改訂が進み、ESDを踏まえた改革の全体像が示されました。しかし、多くの校長先生方の意識は「自分の研究教科・領域がどのように変わるのか」であり、小学校では「英語の時間をどのようにひねり出せるのだろうか」であり、中学や高校では、「受験がどのように変わるのだろうか」くらいだと思います。ほとんどの校長先生方は、根本的な教育観・指導観がどう変わるのか、なぜ変えるのか、それはどのような時代観や世界観に基づいているのか等については、全く考えようともしないことでしょう。しかし、悲しいことに、その姿は平成一〇年の学習指導要領改訂時の私の姿そのものでありました。

当時の文部省は、小学校の教育課程に『総合的な学習の時間』を設定し、横断的・総合的な指導を通じて『生きる力』を育むという方針を打ち出していました。しかし、私も含め、教員のほとんどが教科横断的な指導など考えたこともなく、その意味や、どうしてそのような指導が必要なのかを考えようと

もしなかったのでした。今では、**【ＥＳＤの神髄はカリキュラム・マネジメントを通じた総合的な学習の時間にある】**と自信を持って断言できます。しかし、当時の私には「ＥＳＤ」という視点さえ、持てていなかったのです。

それと言うのも、私自身は社会科の優れた実践者・指導者を目指して研究を進めていましたし、その成果をもとに、後輩の育成に全力を傾けていたからでもあります。世界を俯瞰するだけの視野も足りなかったのでしょう。また、主体的な学びの大切さも理解しているつもりではありましたが、反面、明治以来の「世界に追いつき、追い越せ」といった知識・理解中心の点数主義教育の呪縛から、完全には抜け出せていなかったのです。つまり、「学力向上」に対して、真正面から持論を戦わせ、勝負できるほどの実践も実績も自信も足りなかったのです。その結果、一〇年も経ずに、私たち教育管理職の意識から「総合的な学習の時間」が忘れ去られてしまいました。その後、「総合」の時間を活用して見事な実践を展開している学校もみられる反面、多くの学校現場では運動会や学芸会といった行事の練習や、移動教室の準備などに使われたり、あるいは、中学校では受験教科の補習に使われたりしているという例さえ聞こえてくるのです。

確かに当初、「総合」をどのように進めたらいいのかについては、具体策も十分には示されず、各校に丸投げされたように感じたのは私だけではなかったように思います。今になって考えれば、あの時の自分がＥＳＤカレンダーを示せて、教科横断的な指導の具体例を例示できていれば、各地の先生方は、そこを突破口として様々な実践を試み、その中から、従来の教育からは得られなかったような、子どもたちの飛躍的な成長を実感することもできただろうなあと、悔しい思いがするばかりであります。
平成一〇年という早い時期から示されていた、時代の変化と教育のあるべき姿に対して理解することができず、自らの教育観を変えることができなかった教育管理職として、責任を感じております。また
だからこそ、今回の改訂をどのように受け止め、どのように発信するべきか、教員人生をかけて考え、時期を逃さずに取り組んでいきたいとも思ってきたのです。
今回の改訂は日本という国の存亡をかけた教育改革なのです。

## 2　夢を持って学校教育をつくろう

私は、様々な先輩や研究仲間や教育論に出会い、学ばせていただきながら、教員として自分なりの夢の教育をそれまで二七年間、求め続けてきました。ところが、校長となった二〇〇五年に、偶然にも国際理解教育が校内研究のテーマになったことを契機に、ＥＳＤという文字や考え方に出会ってしまいました。

江東区立東雲小学校がユネスコスクール（当時はユネスコ協同学校）に加盟申請したのは、平成一七年度でした。東雲小学校は開校以来約三〇年間、研究発表に取り組んだことがありませんでした。着任した際に、教頭先生と教務主任・研究主任の先生たちに「校長先生、今年が研究発表の年で、まだ準備

は進んでいませんが、二月の発表会までの一〇か月間、よろしくお願いします」と言われて、ああそうなのかと少し驚いたことを覚えています。

夏休み前になると、「発表会の講師に学区域の日本科学未来館館長の毛利衛さんをお願いしたいのですが、何とか話をつけてください」と言われて、まあ実現できたらいいかなと、日本科学未来館に何度か出かけていきました。しかし担当者からは、「いくら学区域でも一小学校の発表会の講師には出せません。県単位とか、校長会の全国研究大会やその他、特別な会でないと出せないのです」と言われて学校に戻りました。まずは研究の中身を充実させることが大切ですねと職員に話し、この話は終わったものと思っていました。

しかし何日かすると、「こんなものが見つかったのですが、いかがでしょうか」と研究主任が変な書類を持ってきたのです。それがユネスコ協同学校の募集要項でした。「特別な学校」になることで毛利さんを招きたかったようです。「いきなりユネスコですかぁ。まあ、申請しても通るかどうかは相手様が決めること。研究をまとめるつもりで出してみたらどうですか。でも、出す前に校内には話を通しておきましょうね」ということで申し込みをすることになりました。英文での申請書ですので、何回も書き直しの指導を受け、九月にやっと文部科学省に受理していただきました。しかし、その後は何の音沙汰もなく、二月には研究発表会も盛況の内に終わりました。もちろん、毛利衛さんはいらっしゃいませんでした。

さて、国際理解教育の研究発表に一段落して、次は何の教科に取り組もうかなどと言っている頃になって、ユネスコ協同学校の加盟承認書が届いたのです。「先生方、国語の研究をしたいと言っていましたが、どうしましょう。承認されてから断るのも失礼になりますが、いっそのこと両方やりますか」と聞いた結果、ユネスコ協同学校としての研究（ＥＳＤ・持続可能な開発のための教育）に全校で取り組むこととなりました。その際、職員のプライドを高める効果への期待と、地域の方ともっと交流してもらいたいという願いから、全職員分の名刺を手作りして、どんどん使うようにと配ったのです。もちろんユネスコスクールのロゴも入れました。学校の先生は、あまり名刺を持たない方が多いようですが、ちょっと恥ずかしそうにしながらも喜んで使ってもらえていたので、うれしかったです。

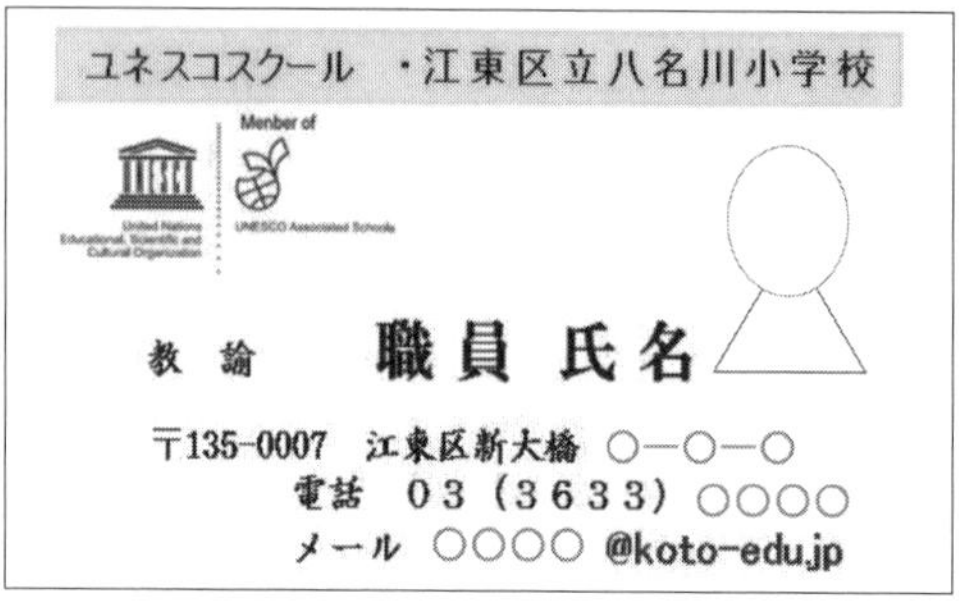


　このようにしてユネスコ協同学校への参画と研究・実践に向けた取り組みが始まったわけです。考えてみればおかしな動機で始まったユネスコスクール・ＥＳＤへのチャレンジではありましたが、そこから先生方の努力が方向づけられて、数々の授業が生まれ、ＥＳＤカレンダーが開発され、数年の後にはユネスコスクールとしての大きなネットワークの発展につながりました。また、八名川小学校での更なる取り組みも続き、その結果、「持続可能な世界の実現」という視点の重要性は広く認められ、平成二九年三月に示された改訂学習指導要領でも、児童が「多様な人々と協働しながら様々な社会的変化を乗り越え、豊かな人生を切り拓き、持続可能な社会の創り手となる」ことができるよう、教育課程の改革まで明記されたのです。

　思えばＥＳＤという考え方を知った頃は、とてつもなく遠大な教育観で、必要性は分かるがとても自分ごとの手に負えるようなものでないと感じておりました。しかし、偶然足を運んだ日本科学未来館で、地球温暖化が進み、どんどん溶け始めているシベリアの永久凍土から掘り出されたマンモスの赤ちゃんに出会った時に、ロシア各地でマンモスが次々に溶け出されている現実と、スーパーコンピュータが予測する地球温暖化の進む未来世界地図を見て、自分の子どもたちと教え子たちのために、どんなことがあろうともＥＳＤを推進し、何とか世界を変えてやろうと決意してしまったのです。今まで学んできた教育論と実践から得られた知見を重要な手がかりにしつつ、教員人生の総まとめとして、ＥＳＤに命をかけることにしました。

ＥＳＤを踏まえた教育を進めたおかげで、東雲小学校でも八名川小学校でも素晴らしい夢の教育が花開きました。しかし、私にとってはそれは、魅力ある一つの通過点に過ぎません。日本中の学校教育にＥＳＤの理論と実践を根づかせ、価値ある教育を広げ、厳しい世界の現実に負けない、素晴らしい子どもたちを育てると同時に、日本で開発されたノウハウやツールを、ユネスコのネットワーク等を通じて世界中に広め、世界の人々と連携・協力して、持続可能な未来社会を実現しなくてはなりません。恐ろしい現実は、静かに、しかし着実に進んでいます。私たちに残された時間は多くはないのです。

私はこのような決意を胸に、笑顔と情熱を持って教育の未来や可能性を語り、より良い現実を一歩ずつ広げようと思っているのです。

このような私の思いを、実に多くの方が理解し、共感し、ともに歩んでくれています。八名川小学校の職員も私と夢を共有してくれていて、授業づくりだけでなく、様々な職種の違いを超えて学校づくりに力を合わせて取り組んでいます。ですから、気持ちよい環境で、学び甲斐のある教育が進んでいます。また、本校の子どもたちは、大人を信頼し、自分事として真剣に学び、和やかに協力し合い、しかもチャレンジシップに満ちています。人として信頼できる子どもたちに育っていることが何よりの自慢です。これもESDの大きな成果だと思います。保護者は、自分の子どもだけでなく、全ての八名川小の子どもに愛情を注ぎ、同時に職員も含め「八名川小学校」というものを心から大切にしてくれています。地域も学校を支えることに徹してくれています。

八名川小学校は、教育行政も含めた多くの方々のおかげで、子どもも職員も一人の人として尊重され、希望ある未来の実現に向かって互いに学び合い、協力し合い、成長できる幸せな場所になっております。しかも、この夢の学校には、七年間で一八パーセントもの学力向上（算数B問題・活用能力）というおまけまでついてきました。しかし、全国学力・学習状況調査の結果はあくまでもおまけです。ESDを踏まえて自校の教育を充実させることを大切にしましょう。結果は後からついてくるのです。（これについては六〇ページ以降で述べます。）

今時はどこの学校の経営でもご苦労の多いことと思います。楽な学校経営なんてどこにもありません。もちろん、八名川小学校もはじめから夢の学校ではありませんでした。いじめも学級崩壊もあります。子どもたちと心通わずに悩み苦しむ先生もいます。しかし、夢を追い求める気持ちと、ESDを踏まえた確固たる方向性、そして楽天的で粘り強い努力があれば、どの学校も夢の学校に変わっていくのです。同じご苦労をされるなら、問題の後始末にばかり追われるのでなく、ご一緒に夢の学校づくりに、そして持続可能な世界づくりに真正面から取り組んでみませんか。どこの学校でも、どんな状況下からでも始められること、私が保証します。

## 3　学校教育の現状と校長の課題

ＡＩが普及し、グローバル化も加速化する現実を前に、学校教育も変わらざるを得なくなっています。教科における基礎的な学力を伸ばすことだけでなく、様々な問題に対応し解決する力や豊かな人間性、健康や体力など、変化の激しい社会において「生き抜く力」の育成が強く求められています。

それなのに、日本の社会や国民の意識が昭和の成功体験を引きずっているので、いつまで経っても「学力向上」しか見えない人が多いのです。学習指導要領の改訂を受けても、多くの学校は、英語の時数確保をどうしようか、道徳の教科化にどう対応しようかなど、教科の指導内容や時間割等に縛られ、明治時代から続く知識・理解中心の教え込み教育から、なかなか抜け出せないのが現状です。

内申点のために教師の顔色をうかがってばかりの中学校生活や知識伝授偏重の授業についていけずに不登校になる子が生まれ、一方では刹那的なあるいは身勝手で短慮な動機からのいじめや問題行動も多発し、学校教育には課題が山積しています。本来ならば解決に力を合わせるべき保護者からの苦情対応に追い詰められ、職場で孤立を深めて苦しむ教職員も激増しています。

このような現状を打破し、子どもたちが楽しく学び、職員が生き生きと働き、家庭や地域から信頼される教育を進め、「不確実性の広がる時代や社会をたくましく生き抜く力」を育む学校をつくるのが校長の仕事であり、責任でもあります。それには、グローバル時代に求められる教育の姿をも明確に理解し、希求し、その実現に向けて地域や学校の実態を踏まえ、柔軟で強靱なリーダーシップを発揮できる校長としての指導力が必要なのです。私は教師に自信と誇りを与える一人の先達として、校長の果たすべきことも明確に示してまいります。

## 4　心配するな、学力は後からついてくる！

このグラフは、平成二二年から二八年までの八名川小学校における文部科学省の全国学力・学習状況調査結果の推移を表しています。

平成二二年度には算数のB問題（数学的な活用能力）で、全国平均を一〇〇とした時に一〇四・八七点だった八名川小学校の学力は、平成二八年度には一二三・〇九まで、一八・二二ポイントも上昇しています。この状況は国語科でもほぼ同様の結果になっています。この七年間に学区域が変わったわけでもありま

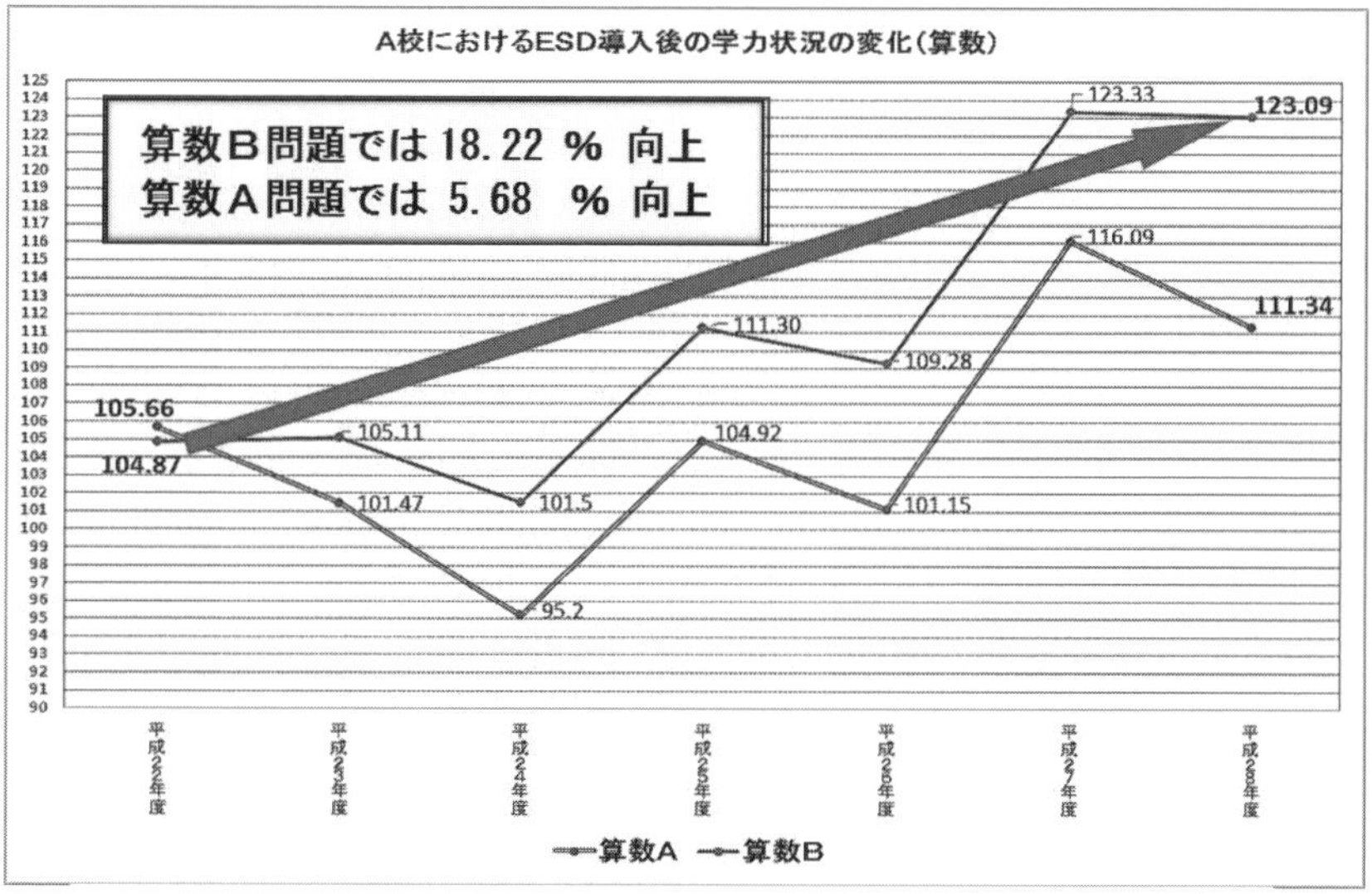


せん。高学歴の家庭が急増したわけでもありません。学習塾が増えたわけでもありません。ましてや「学力向上」をめざして、教師を叱咤激励したようなことは一度もありません。それなのに、この数値は驚異的なものです。むしろ私は、「詰め込み教育をやりすぎると子どもを苦しめるだけだから、ほどほどにしてください」と言い続けてきたのです。

なぜなら、知識や技能を詰め込み式で教えられ、到達度で評価され続けると、それについていけない子の行き場がなくなります。それどころか、教師の中には「あの子のせいで平均が上がらない」と思い込む人も出てくるでしょう。それが、黙っていても学級の中に伝わり、いじめや問題行動のもとになったり、そこから不登校になったりもします。その結果、本来ならばお互いに力を合わせて楽しく充実した生活をつくるべき仲間が、無視をしたり馬鹿にしたりし合うようになるのでしたら何のための学校か分かりません。またその結果、子どもの幸せや成長のために力を合わせるべき保護者からの苦情対応に追われるとしたら、本末転倒です。生涯をかけて教育に取り組もうという教師の夢や情熱も失われてしまいます。校長は職員を勇気づけると同時に、学校の教育力とは何かを考え、あらゆる手を使ってそれを高めることにこそ専念すべきと考えます。

子どもたちの特性は毎年異なっています。しかもその一面を毎年異なる問題で切り取って評価しているのがこの調査です。それでも、三年目頃から基礎基本の学力が向上しているだけでなく、活用問題における学力が大きく育っていることが分かります。

学校教育を変えることとって、小手先でできるようなものではありません。先ほどのグラフでも分かるように、熱心に取り組んでも、成果が出始めるまで正味二年はかかっています。「学校づくり」には時間がかかるのです。建築で言えば大伽藍を造るようなものですから、基礎工事をしている最中に、となりにプレハブ小屋が建ち上がって売り出しをしているのを見ても、うらやましがったりしてはだめです。目の前の数値に惑わされず、学校づくりに励みましょう。いい教育が動き始めると、雪だるま式に学校が良くなり、その勢いは留まるところを知らなくなるのです。

## 5 教育委員会の施策と校長の責任

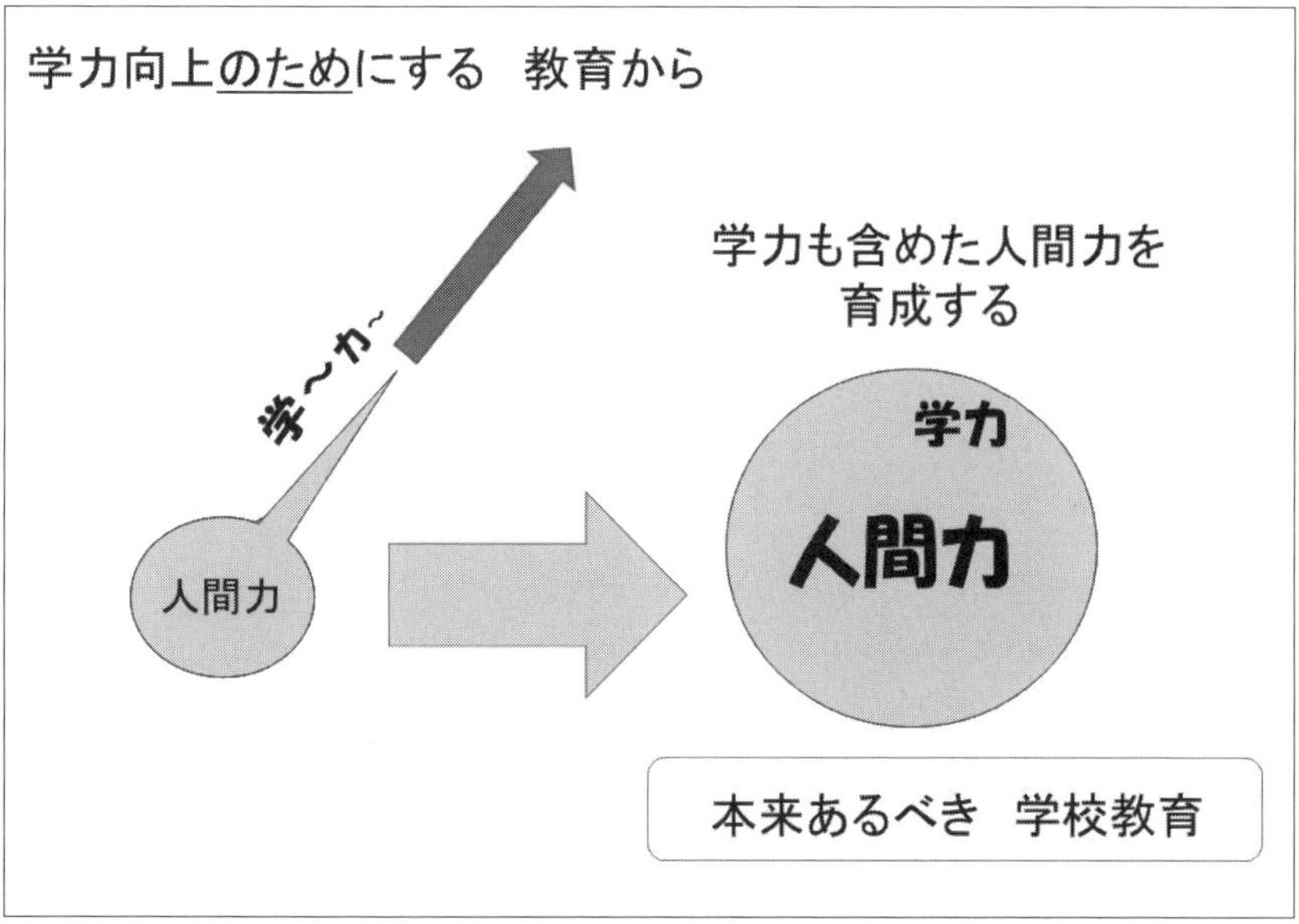


各地の教育委員会の中には、「学力向上」の大号令をかけ、ドリルを買い与え、教育指導員を貼り付け、どの子もできるまで、何遍でも繰り返して指導するように学校を締めつけている所さえあります。しかし、その結果一八ポイントも「B問題・活用能力」が向上したという話は聞いたことがありません。せいぜい、「A問題・基礎的な知識・理解」がわずかに上がる程度です。学校現場と子どもたちを苦しめているだけだと思います。

人は粘土細工ではないのです。どの子も一人の人間です。学力だけを引っ張って伸ばそうとしても、そこだけが伸びるはずがないのです。放課後に残してでも、できるまで指導するというのは、教育の名を借りた虐待になりかねません。そういうことも分からない人が教育行政を動かしているようでは、その町に未来はありません。教育施策と言うよりも教育愚策と呼べそうです。

教育委員会には、教育予算を取って、それを使って成果を出し、議会に説明責任を果たすという一面もあります。その中で学力の向上も一つの指針ではあります。しかし、それだけしか見えないようではいけません。行政における『教育』の専門職として、時間軸の視点を持って社会の課題を捉え、教育のあるべき姿を見出し、学校教育を大きく方向づけるという重要な責任を自覚し、教育方針を立て、一貫した教育施策として具体化し、現場を指導していただきたいものです。そして校長は、このような教育行政の課題と施策を真剣に受け止めて、一校を預かり、地域住民に対して常に質の高い教育を提供できるよう、全身全霊を捧げて取り組んでいかなくてはならないのだと思います。

## 6　教育は学校生活の活性化が出発点

八名川小学校の子どもたちは、一人の人としても、また学び合う集団としても成長しています。そして、その中で様々な学力も自然に育ってきました。具体的には、この八年間で子どもたちや学校にはどのような変化が起きていたのでしょうか。そこに学校の教育力の向上も見られるはずです。書き出してみましょう。

①子どもたちの学習に対する積極性が高まってきた。
——自分の事として真剣に学ぼうとする姿・チャレンジシップの向上。

②子どもどうしの人間関係に穏やかさが育ち、けんかや悪ふざけが激減している。
――子どもの生活ですから、当然ながら多少はあります。でも、収め方がうまくなっています。
③学習場面で、それが誰の意見であっても尊重し、問題解決に向けて活かそう、聞き合おうとするようになった。
――公平な人間関係が維持され、ボスがいません。
④大人に対する信頼感が高まり、素直に学ぼうとする子どもが激増した。
――子どもたちの目が、素直ないい目になっています。
⑤どの学年もプレゼン能力が飛躍的に向上している。
――江戸の町並を復元した深川江戸資料館を会場にした学習発表会で、浴衣や法被《はっぴ》姿の江戸っ子になりきって発表している六年生の姿など、高校生も顔負けです。
⑥全校集会など、児童が運営する活動の質が見違えるほどに向上している。
――代表の子の指示だけで、楽しい集会が進みます。
⑦高学年が頼りになる。
――「高学年を見習いなさい」と言えるのはありがたいです。
⑧子どもたちを怒鳴りつけるような指導が消え、的確な指示・説明や称揚が増えた。
――先生たちも成長しています。
⑨前年度までの指導法を共有し、それを改善しながら指導を工夫するようになり、授業が進化している。
――ＰＣの共有フォルダに資料やワークシート、単元展開の様子を残したプレゼンなどが残っていて、活用

されています。

⑩職員は本校で働けることに幸せを感じ、誇りに思っている。

――これは、一二八ページにある職員の声を聞いてみてください。

また、あらゆる行事の完成度が高まり、保護者のアンケートが感謝の言葉から始まるのもうれしいことです。改善への提案があったとしても、苦情にならず、上手に伝えてくれます。

このように八名川小学校では、子ども、教師、保護者、地域のそれぞれが充実感を感じ、学校生活が活性化して理想的な教育が実現されているように思います。このような学校生活の活性化という基盤づくりをせずに学力向上を叫んでも、成績だけ向上するわけがないのです。教育実践の成果をこのように児童や教師、保護者や地域のおだやかな変容という形で見届けられていること、そしてその成果を多くの方と共有できることに、私は感謝しています。詰め込み型の指導だけでは、決してこのような子どもの成長した姿や教師の誇り、保護者の感謝・地域の協力といった成果は生まれないことを心に刻んでおきましょう。人間性を育む教育を重視するとともに学びを含めた学校生活全体の活性化を心がけていけば、「学力なんて後からついてくる」ものなのです。数値を教育のゴールと思って努力するのも、させるのも、全くナンセンスです。

## 7 学習指導要領をも批判・改善できる校長になろう

学校の校長先生たちは、現場のスペシャリストのはずです。ですから、学校だよりでご自分の学校経営や教育論を語るだけでなく、チャンスがあれば、様々な場面で遠慮せずに語り、発信する姿勢と能力を磨くよう努力しましょう。学習指導要領についても法律的な面では遵守しなくてはなりません。でも、基本的には一〇年に一度は改訂されるものです。内容的には絶対ではあり得ないのです。世界がどんどん変わり、求められる学力も変わらざるを得ないからです。ですから、常に子どもたちの生きていく現実世界や未来の社会と、そこで求められる資質・能力・態度、そして指導観といった視点から教育の動向を見つめていくことが重要です。そして、問題があればいち早く気づき、多くの方々と共有し相談して、対応していかねばなりません。

教育行政を動かすのは、政治家や教育産業関係者など、教育の専門家でない場合だってあり得ます。また、大学の先生が子どもの学びを理解できているともかぎりません。常に教育が良く変わるとはかぎらないのです。日本の政府は、今までの学習指導要領改訂の際にも、そして今回の改訂、あるいは部分改訂の際にも、きちんとパブリックコメント（意見公募）を実施してくれました。私はその度に、その内容についてよく考え、どこに改善があり、どこに落とし穴があるのか見つめ、自分なりの意見を提出してきました。学校の現場を預かる者にしか分からないことがあると信じてきたからです。そして、そのことが私の教育的な視野を広げ、揺るがぬ大きな視野から自校の課題を見るためのトレーニングになっているのです。

とは言っても、一校長が国に意見を提出するなんて、勇気のいることと思います。でも、どうしようかと迷ったときには、私の言葉を思い出してください。

「本当の意味で、子どものための教育改革を進められるのは、現場の先生しかいないのですよ。夢の教育に本気で取り組んでいるあなたの出番です。勇気を持って発信してください。」

## 8　中学と高校は、教科担任制と受験の壁を越えよう

実は日本の中学校と高等学校にはＥＳＤが浸透しにくい事情があります。その主な原因は、教科担任制と受験です。

教科担任の先生方の中には、自分の教科を時間数だけきちんと指導すれば、責任を果たせたと思う方が多くいるように感じます。ですから、他教科・他領域の先生方と協力して学校の教育課程を充実させようとは考えにくく、学級担任でない先生の中には、総合的な学習の時間の指導は自分には関係ないと思っている方もいるようです。

実は中学・高校でESDが上手く進んでいる学校は
日本中でも、そう多くはありません。なぜなら・・・

**ESD推進を阻む2つの壁がある**

・教科担任制　・・・自分の**教科**と**部活**をやっていれば責任は果たせたと思っていませんか？
(総合は、自分の仕事でないと思っている先生がいるのかな。)

・受験がある　・・・だから、「**責任もって教え込**まないと！」と思っている先生

また、受験でも「合格できるように、責任を持って教え込まなくてはならない」と思っているまじめな先生が多いように感じます。基礎・基本が重要なのは言うまでもありません。でも、二〇世紀型の学力だけを一生懸命に教え込んで済ませている愚かさに気づかないとしたら、これからの教師としては価値がありませんね。悲しいことです。

しかし、受験のあり方にも変化の兆しが出始めています。平成二六年一二月二二日に示された中央教育審議会答申では、「主体性・多様性・協働性」や「思考力・判断力・表現力」を含む「確かな学力」を高い水準で総合的に評価する個別選抜の推進が示されました。自分なりの問題意識を持って、体験的に学び、そこで得た実感や感動を踏まえて自分の意見を組み立てられる生徒が入試でも認められる時代が目前に迫っています。このような、大学等の入試改革は、大学教育のあり方の改革だけに留まらず、我が国の高等学校や中学校における学びのあり方を、外からの圧力として一新する可能性を秘めています。

さて、そのような中にあって、先日、長野県の山ノ内町立山ノ内中学校で素晴らしいＥＳＤの実践に

出会ってきました。学校の中からの改革が進んでいる好事例です。

長野駅から湯田中駅に向かう列車の窓からは、手が届くような所にりんごが赤く色づき、栗の実が熟し始め、ブドウ棚には今流行のシャインマスカットが実っているのが見えます。川沿いには温泉郷が広がり、地獄谷野猿公苑まで足を伸ばせば温泉に入る野生の猿たちを見ることもできます。志賀高原にはスキー場も広がります。しかし、地域の自然や豊かな環境は、子どもたちにとってはあまりにもあたりまえすぎてしまって、そのよさや価値を見出せないでいたようです。

そのような町の中学校で、ユネスコ・エコパークをきっかけに二年前からＥＳＤの研究が始まっていました。一年では、それぞれの小学校での学びを活かし、地域全体の素晴らしさを再発見させます。二年では、山を越えた群馬県の草津に出かけて、同じ温泉地としての交流や比較研究を通して、草津の素晴らしい温泉町づくりを学ぶと同時に、自分たちの町にある良さや資源を再認識します。三年になると修学旅行先の京都で、湯田中の観光大使として、そろいの法被《はっぴ》を着て、山ノ内町の観光パンフレットや手作りのパンフレットを配りながら、観光客を相手に志賀高原の素晴らしさを語るそうです。手探りのＥＳＤと言いながらも、先生方が実践を通して素晴らしい中学生を育てていることに、私は心から感動しました。どの子も素直でやる気に満ちた気持ちのいい生徒さんたちでした。

取り組みの秘訣を伺ってみると、三クラスの生徒を、興味・関心ごとのグループに分け、学年団の先生方が分担して指導に当たっているそうです。また、町長さんや町議会議員さんにも協力をお願いし、生徒たちの町政に対する提言も聞いてもらっているとのことでした。このように、中学校・高等学校の取り組みでは、その学校や地域の特性を活かし、地域に開かれたカリキュラム作りを工夫するとともに、職員が学年団としての機能を発揮して、専科の壁を突き破り、協働して三年間の学びのストーリーを組み立てることが重要だと再認識しました。

山ノ内中学校に限らず、日本の各地でこのような教育の可能性が広がっているはずです。「壁の中の教育（ちょっと怖い表現ですね）」から、「世界に開かれた教育」に向かって、自信を持って歩みを進めていきましょう。教育委員会の先生方も、少しだけ背中を押してあげてください。応援をお願いいたします。

## 9　成長へのあこがれが明日の学校をつくる

様々な行事や学習発表など、年々進化する本校の子どもたちの素晴らしい姿や成長ぶりを見ていると、学校の教育力って何なのだろうかと考えてしまいます。

皆さんは、学校の教育力って、何だと思いますか。一般的には学校の教育力とは、教師の指導力や、家庭・地域の持つ教育力とされています。しかし、八名川小の子どもたちを見ていると、一番大事なのは、子どもたちが感じる成長へのあこがれではないかと思うのです。

六年生が運動会で見せた演技の見事さ、力を合わせてやり抜くチームワーク、水泳記録会や連合運動会

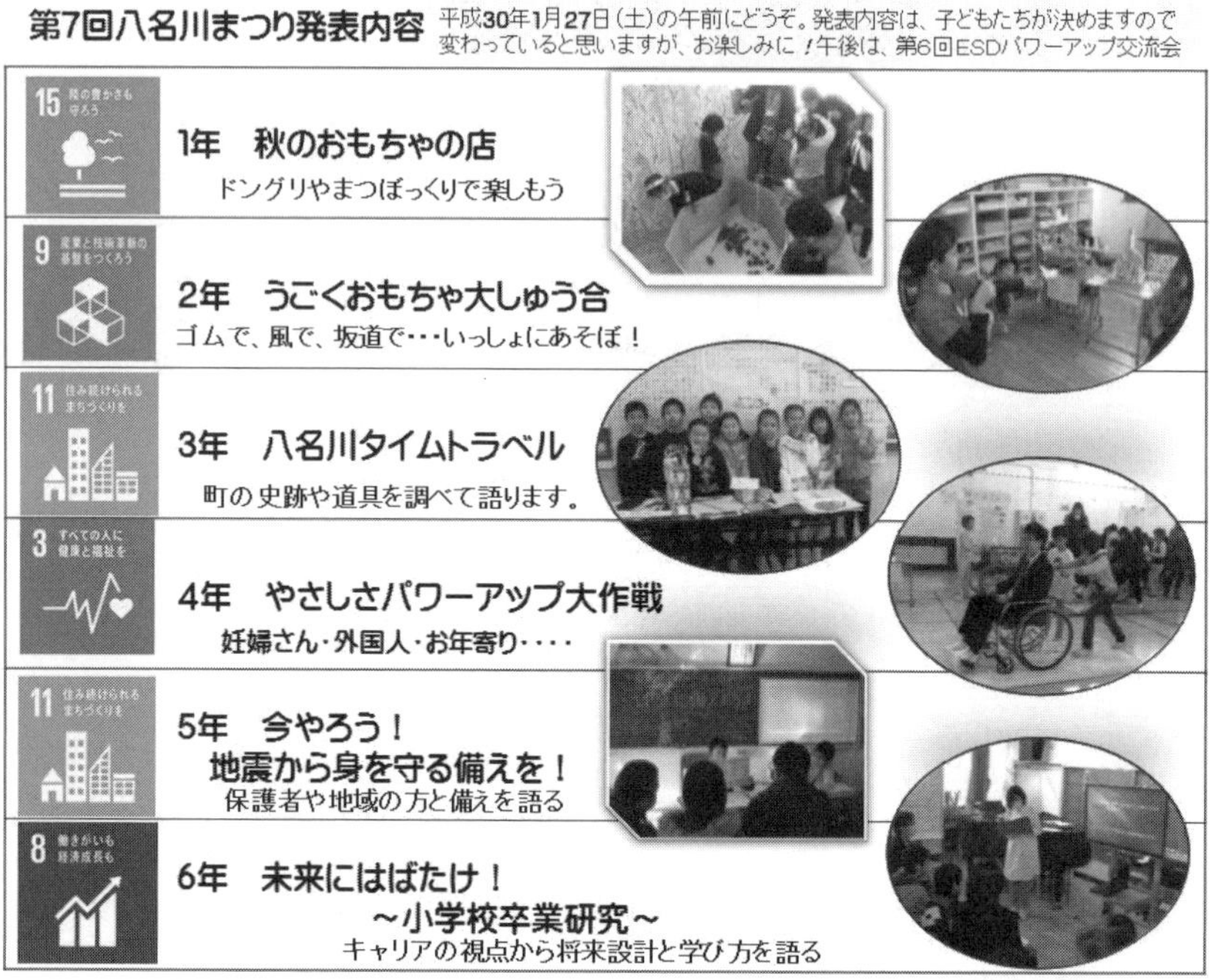
第7回八名川まつり発表内容
平成30年1月27日（土）の午前にどうぞ。発表内容は、子どもたちが決めますので変わっていると思いますが、お楽しみに！午後は、第6回ESDパワーアップ交流会
15 陸の豊かさも守ろう
1年　秋のおもちゃの店
ドングリやまつぼっくりで楽しもう
9 産業と技術革新の基盤をつくろう
2年　うごくおもちゃ大しゅう合
ゴムで、風で、坂道で・・・いっしょにあそぼ！
11 住み続けられるまちづくりを
3年　八名川タイムトラベル
町の史跡や道具を調べて語ります。
3 すべての人に健康と福祉を
4年　やさしさパワーアップ大作戦
妊婦さん・外国人・お年寄り・・・・
11 住み続けられるまちづくりを
5年　今やろう！
地震から身を守る備えを！
保護者や地域の方と備えを語る
8 働きがいも経済成長も
6年　未来にはばたけ！
～小学校卒業研究～
キャリアの視点から将来設計と学び方を語る

で目標を持って工夫しながら粘り強く取り組む姿勢、学芸会で見せた「なりきる力」、周年行事で見せた集中力や持続力、話を聞こうとする姿勢、一年生のお世話をするときのやさしさ、「八名川まつり」で発表する学びの豊かさやプレゼン能力の高さ、決まりを守り、誰に対しても公平・公正に接しようとする態度、挨拶するときの自然な笑顔など、それら全てが在校生にとってのあこがれなのです。このような六年生の姿が、全ての在校生にとって、何年後かの自分のなりたい姿であり、越えていくべき大きな目標なのです。また下級生の保護者にとっても、我が子が六年生になった時にはあのように育っていて欲しいと願い、期待する具体的な姿になっているのです。

　六年生を送る会の会場入り口には二年生から、たくさんのメッセージが貼られています。

「せつぶんしゅう会やたなばたしゅう会でげきをどうどうとやっていて、さすがだなと思いました。ぼくも六年生になったら、どうどうとげきができるようになりたいです」、「開校一〇〇周年の時の『風になりたい』の演奏がすごくよかったです。『すごいなぁ、わたしもそういう人になりたい！』と思いました」。毎年毎年、このような『成長へのあこがれ』を育み、先輩を乗り越えようと、子どもたちが頑張りを重ねてきているのが八名川小学校の子どもたちの姿なのです。

２年　うごくうごくわたしのおもちゃ

学習面においても「成長へのあこがれ」を活かした教育課程上の工夫をしています。それが「八名川まつり」の設定です。毎年一月の最終土曜日の午前中いっぱいを使い、生活科や総合的な学習の時間に学んだことを中心に、全校の児童がブースを設けて学習発表会をしているのです。それを保護者や地域の方に公開し、幼稚園児や保育園児にも来てもらい、多様な人々に向けて発表し、それを聞いてもらうのです。また自分たちも発表するだけでなく、学校中の発表コーナーをスタンプラリー式に周り、様々なテーマの発表内容や、プレゼンのしかたを体験的に学んでいます。

低学年や中学年は、「なるほど、来年はああいうことをするのか。自分たちなら別のやり方を工夫して、もっといい発表ができそうだぞ」と先輩を乗り越える視点を持って学んでいます。一方、当日の階段ですれ違った高学年の会話では、「やばいぞ、今年の三年は。俺たちの時よりも進んでいたぞ。だって……」と、自分たちを越えて進化しようとする下級生の成長ぶりにも、危機感やライバル意識を感じているようでした。

七三ページの写真に写っているこの二年生の子は、ゴムで無心にコップを飛ばし、風船の的当てゲームをしていました。この子の四年後の姿が、一三三ページに「深川江戸資料館展示室の長屋で、手習いの師匠・於《お》し津《づ》さんの暮らしを語る六年生の児童」として出てきます。たとえ年に一回であっても、八名川まつりのような学習交流発表会を毎年経験しながら成長することで、学習意欲とコミュニケーション能力にあふれた子どもたちが全校で育つのです。

4年　目の不自由な人の立場から発言する

八名川まつりの様子をご覧いただきましょう。

上の写真の四年生たちは「やさしさパワーアップ大作戦」として、様々な年齢や立場の人、誰もが安心できる関わり方や町づくりについて学び、ペープサートを使って、目の不自由な人の立場から発表をしています。国語の「手と心で読む」という説明文や、道徳「心の信号機」からの発展です。この学習ではＥＳＤの人権や命の視点に立っています。ＳＤＧｓ

で目標を細かく分けると、目標３「すべての人に健康と福祉を」にあたる内容です。四年生であっても、楽しくＥＳＤ、ＳＤＧｓが学べているのです。

また、聞きに来てくれた人たちと、発表内容を通じて上手にコミュニケーションをとっています。これは、前半・後半で発表者や聞き手が入れ替わる方式をとっているために、自分が説明する時間内に何回も相手を変えて発表を繰り返し、内容に対する理解がどんどん深まり、聞き手に合わせて語る余裕も出てくるから可能なのです。

４年　目を合わせて対話する

考えてください。何事でも一回やってすぐにできる子なんて、ほとんどいません。大勢の人が次々と来てくれて、温かく聞いてくれるので、人と目が合ったり、対話する余裕が生まれたりするのです。この日の、この短時間で、子どもが急激に仕上げの成長を遂げるのです。そこに、対話を通じた深い学びも生まれ、八名川まつりをやる意味があるのです。

このような学習発表・交流会が、六年後に向けた成長へのあこがれを育む「重要な機会」であることを理解できるか、それを自校の年間指導計画に位置づけられるか、これは、校長の見識と推進力とにかかっています。

Column

# ESDで地域への誇りや愛着が育っています

山ノ内町立山ノ内中学校長　清水恒善

本校では、二〇一七(平成二九)年九月に手島先生にご指導いただき、ESDの推進を中心とした教育を推進する勇気をもらいました。ESDの経験のある職員はなくこれまで手探りで行ってきましたが、ESDの学習によって生徒が主体的になり、その成果や手応えを生徒の内に感じられることは私たち職員にとって何よりの喜びでもあり、学校全体に活力が湧いてきます。

また、業務改善の大きな柱ともなります。というのは、今までバラバラだった「総合的な学習の時間」「宿泊行事」「地域連携」「授業改善の柱」「教科間のつながり」「地域の学校間の連携」などが、一本につながってくるからです。従来、新しい学校に転任すると「総合はさて何をやろうかな?」と題材探しから始まるので転任してきた先生は大変でした。総合に関わって地域で協力していただける人を探すのも、とても大変なことでした。またキャンプや登山などの宿泊学習もあまり関連が図られていませんでした。

ユネスコスクールへの加盟を機に、宿泊学習の目的地や内容を改め生徒の課題に応じた研修型宿泊学習に移行してきています。一年生では地域のよさに学ぶ志賀高原での学習、二年生では同じ志賀高原ユネスコエコパーク内にある草津町への研修、そして三年生の修学旅行では京都での取材活動や観光大使等の研修を通して、この地域と他の地域との違いやよさに学び、それらの学習をもとに地域の方を交えた「中学生が夢見る町づくり討論会」につなげていくという流れができたことはとても大きなことでした。

三年生は、当初「町作り討論会」で、山ノ内町に何か新たなこと、人目を引くようなこと、特別なことを提案しようと考えていたようでしたが、三年間のＥＳＤの学習を通して「今ある山ノ内、今ある身の回りの自然や風景、温泉や文化などそのものに価値があって、何か特別なことをやらなくてもそのままでいいんだ、自分にとってあたりまえと思っていたことが、かけがえのない尊いものなんだ、と思えるようになってきている。」というように変わってきています。地域への誇りや愛着をもち、このふるさと山ノ内を自分たちが守っていく、次世代に引き継いでいく、といった意識も芽生えてきたように感じています。

地域そのものは、この一、二年で大きく変わったわけではないけれど、自分の見方（世界観）が変容することで地域や世界が変わり、地域や世界への関わり方、行動の仕方が変わっていくということではないかと思えます。何か不思議な感覚ですが、このごろそんなことを感じるようになりました。

「ＥＳＤで世界観が変わる」ということはこれこそ深い学びといえるのではないでしょうか。ＥＳＤを核にした学びに限りない可能性を感じています。

# 第三章　ＥＳＤカレンダー

## ――カリキュラム・マネジメント

### １　ＥＳＤカレンダーと「ピコ太郎」

ユネスコスクールでは当初より、ＥＳＤカレンダーを工夫して、カリキュラム・マネジメントに取り組んできました。そして大きな教育的な成果を挙げてきました。そこには、実は素晴らしい教育的な意味が隠されていたのです。

私たちの世界は、二〇世紀までは「十年ひと昔」という言葉に代表されるように、少しずつ成長する穏やかな世界であったのです。「いつまでも変わらない正解」のあった時代でした。ですから、大学を出て就職すると、優れた人材として迎えられ、それが定年まで通用していたのです。しかし、今や激変の時代を迎え、半年前のことすら遠い過去のように忘れ去られる時代になってしまいました。状況の変化につれて、物事の正解もどんどん変わる時代を迎えているのです。

二〇世紀までの教育では、「This is a pen.」を正しく書いたり理解したりというように、記憶力・情報処理力が求められていました。しかし、二一世紀型の教育では歌手のピコ太郎さんが二〇一七年の初

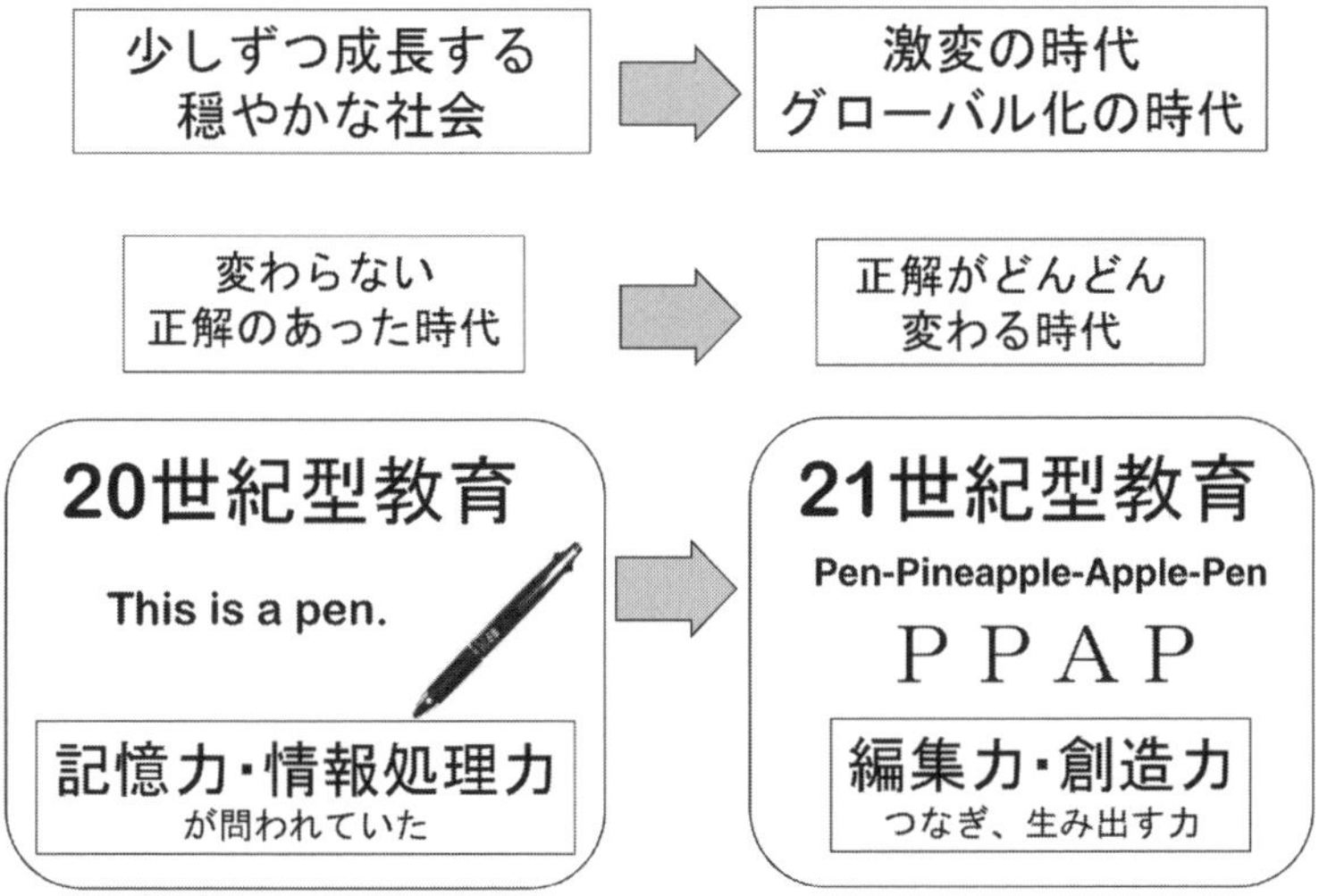


めに大ヒットさせ、「♪Pen - Pineapple - Apple - Pen♪」と歌いながらペンでりんごとパイナップルを突き刺し、つなげて、「これでどうだ」とばかりに見せていたように、従来の常識を超えて、物事をつなぎ、編集し、新しいものを生み出す創造力が求められているのです。さらに、今やスマートフォンを使えば、誰のてのひらにも世界中の情報が瞬時に集まる時代なのです。パターン化した情報処理などは、ＡＩの力によって簡単に答えが出せる時代を迎えているのです。そのような時代に、基礎・基本だけを詰め込むような教育をして得点の上下だけにこだわっている、国も、都も区も、滅ぶしかないのです。

持続可能な社会に向けて、あらゆる課題に立ち向かい、力を合わせて乗り越えていける子どもたちを育てなくてはならないのです。それには、従来の教科の枠にとらわれていてはいけません。教科の壁を越え、あらゆる知識を情報として活用し、「答えのない問い」に立ち向かい、新たな英知を生み出す学力こそが求められているのです。だから、総合的な学習の時間が生まれ、ＥＳＤが重視されてきたのです。

ＥＳＤカレンダーを初めて作るという時には、「I have a『こくごォ〜』, I have a『しゃか〜い』」と歌いながら教科・領域をつなげていけばいいのです。そして、みんなで見せ合いながら、「ウ〜！　これいいかも！　ＰＰＡＰ！」なんていいながら吟味し合えばいいのです。

## 2　深い学びの設計図・ＥＳＤカレンダー

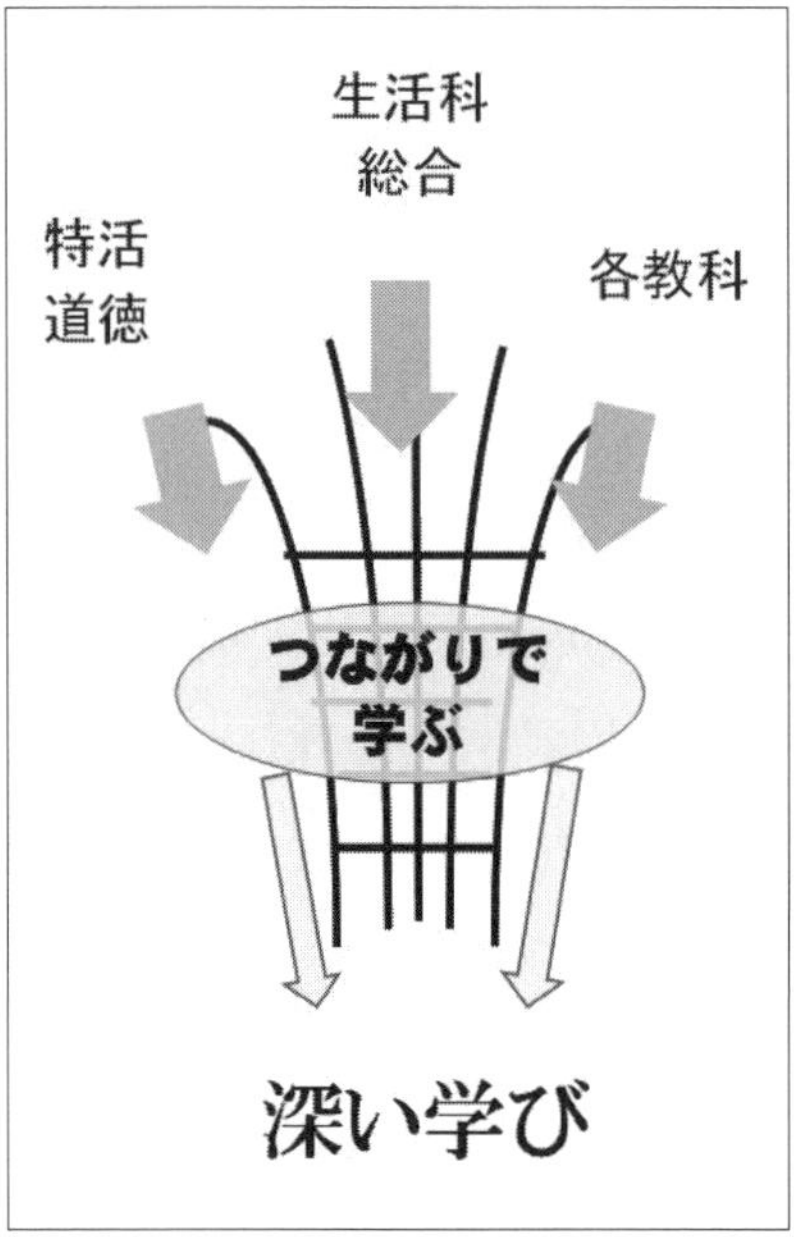


二〇世紀までの学びは記憶力や情報処理力を問われるものであり、二一世紀の学びは、編集力・創造力を問われるものです。つまり、学んだ知識をつなぎ、問題解決に活用し、新たな智を生み出すという経験をさせることが必要なのです。ですから学校における教科・領域の学習にも、その教科等だけで閉じることなく、他の教科や領域と「つながって学ぶこと」を通して、

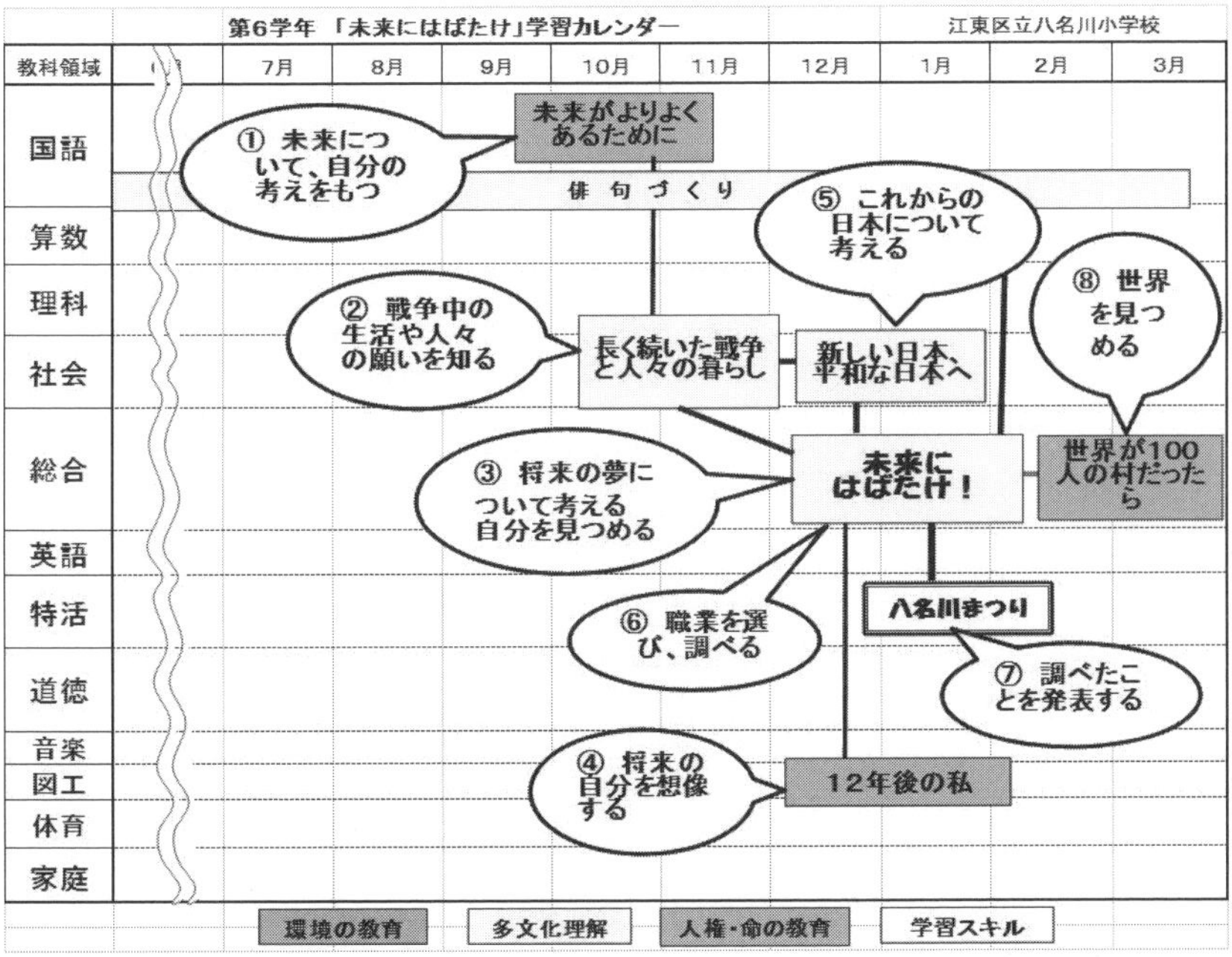


新たな気づきを生み出す創造性が求められます。そしてそこに、深い学びが生まれるのです。二一世紀型、学習指導の要点もここにあります。

このような教科横断的な学習の構造を「学習マップ」として目に見える形にしたのがＥＳＤカレンダーです。上の例では「未来にはばたけ！」という単元を中心にした学習のつながりが分かりやすく示されています。九月から一二月頃の一つ一つの学習内容が、つながりの中でどのような役割を果たすのか、特別に吹き出し形式で入れられた「未来にはばたけ！」という単元だけのＥＳＤカレンダーです。こうしてみると教科を越えてつなげていく意味が明確になります。通常のＥＳＤカレンダーは、その学年の総合的な学習の時間あるいは生活科の時間を中心にした、一年間の学習のつながり全てを学習マップとして示しています。

単元をつなぐ視点は、持続可能な社会づくりにつながる「環境」「多文化理解」「人権」が中心になります。そしてそれぞれの学びに活用できそうな「学習スキル」もつなげます。例えば環境の問題を取り上げている単元は、理科に限らず、様々な教科・領域に散在しています。国語の説明文にも、算数のグラフにも、社会の農業や工業にも、道徳の教材にも、音楽にも家庭科にも、特別活動にも、全教科・全領域で見られます。しかし従来の指導では、それぞれの単元の目標に沿って授業を進め、評価をして終わりになりがちでした。つまり、環境の内容を扱った教材であっても、その教科・領域の評価の視点が重視されており、環境への問題意識を深めることや、実践的な行動力までは求められていなかったのです。また、限られた時間の中では、体験的な活動や地域の人々とのふれ合いを取り入れるなどの、児童・生徒の問題意識を活かした学習は進めにくい現状もあります。だからこそ、これらを互いに既習内容として関連づけ、活用し合うことで学習にゆとりを持たせ、広がりや深まりを与えていくことが重要なのです。そして、それらの活動をつなげるのりしろの役割をもつ、あるいは各教科等で学んだことの活用をする場として、総合的な学習の時間の単元設定に工夫をすることが必要なのです。

全ての教科・領域の単元名一覧を用意し、本校では、「環境」に関するものを緑色に、国際的な協力につながる「多文化理解（国際理解）」をクリーム色、「人権や命」をピンク色に、色分け分類をします。また、その学習で活用できそうな内容や学習スキルは白色にして、枠づけしてつなげます。そして縦軸に教科・領域、横軸に何月頃か、活動の時期を位置付け、単元名を並べます。次に、関連づけて指導すると効果的と思われる単元どうしを線で結びます。その関連の中に総合的な学習の時間の単元を作り、関連する各教科・道徳・特別活動などとのつながりを線で結んでいきます。また、実線を太くしたり点線を使用したりするなどし、単元の関連性の強さや単元間の学習の流れが感じられるように工夫してもいいでしょう。制約はありません。分かりやすくすることが重要です。

総合的な学習の時間にどんな単元を設定するかは、教師の思いつきや相談の中から、あるいは担任のこだわり等によることも多々あります。しかし、それが、教科・領域の学習をどう発展させているか、児童や生徒自身の興味・関心を強くかき立てているか、あるいは行事や生活指導の内容だけになっていないか、等の点から厳しく吟味し、それを単元として創り上げていくことが重要です。この点を怠ると、移動教室の班分けや係決め、鼓笛パレードの練習や卒業式の入退場の練習までもが、総合的な学習の時間に繰り入れられてしまいかねない現状もあるのです。ましてや、教科の補習時間に使われているようでは、管理職の見識が疑われてしまいます。

このようにＥＳＤカレンダーを作ることによって、その年の学年ごとの教育活動がイメージされ職員の連携した取り組みが一層充実するのです。

## 3　Ｎｅｗ！　ＥＳＤカレンダーの誕生

初期のＥＳＤカレンダーは、イメージマップ部分だけでした。しかし、「教科横断的な学習の進め方」を「見える化」し、単元間の関係を明らかにするために、大変重要な役割を果たしてきました。一目で、年間を通じて（いつの時期に）、どのような視点をもって（環境・多文化理解・人権・学習スキル等の視点で色分けして分かりやすく）、どのような内容の学びを、どのような教科・領域と関連づけて（線のつながりや、その太さ等で学習の流れまで）取り組むのかが分かります。

けれども、指導計画としては次のような欠点もありました。まず、指導時数が入っていないし、単元の目標も入っていません。また学習活動も示されていません。（問題解決的な、あるいは探究的な学習過程を踏まえたものが必要です。）その上、地域人材や関係機関との連携が位置づけられていません。個々の単元については、別に単元ごとの指導計画を立て、時数も目標も活動内容も、あるいは地域人材や関係機関との連携も、評価も書き込んできました。しかし、総合的な学習の時間を中心とした、「生きる力」を育成するための年間指導計画としては、不十分でした。

そこで、八名川小学校では、平成二二年度に、従来のＥＳＤカレンダー（一二三ページや八一ページ参照）に総合的な学習の時間の指導計画部分を付け足し、上下に対比できるようにしました。そしてこれを「Ｎｅｗ！　ＥＳＤカレンダー」と名付けて活用するとともに、全国に向けた発信を心がけました。

**総合的な学習の時間　第６学年　指導計画**　　　江東区立八名川小学校

４月　５月　６月　７月　９月　１０月　１１月　１２月　１月　２月　３月

単元名「江戸・深川のまちを語ろう」（３５時間）

【ねらい】
自分が生まれ育った地域の歴史や文化に目を向け、地域に対する誇りや愛着心を育てる。

【学びに火をつける】
○視聴覚教材や手島校長先生の話をきっかけに、自分が生まれ育った地域の歴史や文化に目を向け、「自分たちも様々な切り口からこの町の歴史や文化を語れるようになろう」という課題を明確にする。

【調べる】
○「屋台」「江戸の文化」「船宿」「江戸の大火事」「江戸切り子」等の自分の興味をもったテーマを調べ・発表の準備をする。

【まとめる】
○テーマごとに（同じテーマの児童はグループになり）、プレゼンテーションを考えて作り、友達に発表し課題や工夫についてアドバイスをもらい、練り直す。

【つたえ合う】
○調べたことを、深川江戸資料館で、５年生や家族・地域の方、深川小学校の児童にポスターセッション等で発表する。

【地域人材・関係機関】
○深川江戸資料館　八名川地域、森下地域

単元名「未来へはばたけ！」（１１時間）

【ねらい】
自分の将来を見つめ直し、夢の実現に向けて主体的に学んでいこうとする力を育成する。

【学びに火をつける】
○将来の夢を見つめ、実現するために何をどのようにするのか考えさせる。未来の職業の変化や今後残る職業、失われる職業について知る。

【調べる】
○多種の職業の方から各職業について説明をしてもらい、自分の夢と照らし合わせて考える。

【まとめる】
○自分の夢に繋がるテーマを決めて、計画的に調べる。

【つたえ合う】
○調べたことを、八名川まつりでポスターセッション等で発表する。

【地域人材・関係機関】
○保護者、多種の職業の方々

単元名「世界が１００人の村だったら」（１０時間）

【ねらい】
世界の現実を知り、世界の未来について主体的に活動しようとする意欲を育てる。

【学びに火をつける】
○視聴覚教材をきっかけに世界の子ども達の現状を知る。

【調べる】
○興味のあるテーマを選び、調べる。

【まとめる】
○テーマごとに調べたことをまとめる。

【つたえ合う】
○学習の成果を、廊下や教室に掲示し、学び合う。

【地域人材・関係機関】
○開発教育協会、ＪＩＣＡ

指導計画部分を付け加えることによって、従来のカレンダーに位置づけられた単元が、どのようなねらいを持ち主体的な学習過程を踏まえ、どのような外部人材や保護者の力をどの場面でどのように活用しながら、どのくらいの時間数をかけて指導しようとしているのかが明確に示せるようになりました。その結果、Ａ３あるいはＢ４用紙一枚の上に、その学年が、どのように学習活動や地域の人材をコーディネートして豊かな学習をつくろうとしているのかが、誰の目にも明らかになったのです。

小学校なら一年の生活科から六年の総合的な学習の時間まで、中学校であっても一年から三年までそろったときに、学校が児童・生徒の「生きる力」をどのように育もうとしているのかが明確になるわけです。

特に中学校における「Ｎｅｗ！　ＥＳＤカレンダー」の作成は、教科担任制の壁を乗り越え、学年として、学校としての学びをどのように方向づけしようとするのかが、一層明確になる点で大きな価値があると考えられます。

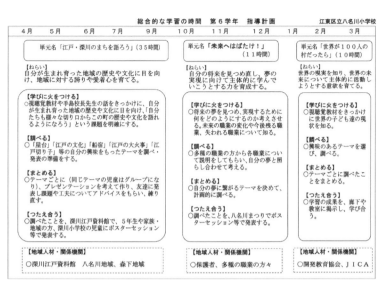

# 4　ESDカレンダーによるカリキュラム・マネジメント
## ――学習指導要領との関係

少しだけ堅い話もします。

今回の学習指導要領改訂は、「主体的・対話的で深い学びの実現に向けた授業改善」と並んで、「各校におけるカリキュラム・マネジメントの確立」等を改訂のポイントに掲げ、総則第1の4として、次のように明記しました。

各学校においては、児童や学校、地域の実態を適切に把握し、教育の目的や目標の実現に必要な教育の内容等を教科等横断的な視点で組み立てていくこと、教育課程の実施状況を評価してその改善を図っていくこと、教育課程の実施に必要な人的又は物的な体制を確保するとともにその改善を図っていくことなどを通して、教育課程に基づき組織的かつ計画的に各学校の教育活動の質の向上を図っていくこと（以下「カリキュラム・マネジメント」という。）に努めるものとする。（傍線筆者）

また、総則の第2の2「教科等横断的な視点に立った資質・能力の育成」において、このように示しました。

(1) 各学校においては、児童の発達の段階を考慮し、言語能力、情報活用能力（情報モラルを含む。）、問題発見・解決能力等の学習の基盤となる資質・能力を育成していくことができるよう、各教科等の特質を生かし、教科等横断的な視点から教育課程の編成を図るものとする。

(2) 各学校においては、児童や学校、地域の実態及び児童の発達の段階を考慮し、豊かな人生の実現や災害等を乗り越えて次代の社会を形成することに向けた現代的な諸課題に対応して求められる資質・能力を、教科等横断的な視点で育成していくことができるよう、各学校の特色を生かした教育課程の編成を図るものとする。

少し分かりにくいですね。でも、次の資料をご覧いただくと、意味が分かります。

平成二七年八月に示された中央教育審議会教育課程企画特別部会の論点整理では、カリキュラム・マネジメントの三つの側面として、こう示しているのです。

① 各教科等の教育内容を相互の関係で捉え、学校の教育目標を踏まえた教科横断的な視点で、その目標の達成に必要な教育の内容を組織的に配列していくこと。

② 教育内容の質の向上に向けて、子供たちの姿や地域の現状等に関する調査や各種データ等に基づき、教育課程を編成し、実施し、評価して改善を図る一連のＰＤＣＡサイクルを確立すること。

③ 教育内容と、教育活動に必要な人的・物的資源等を、地域等の外部の資源も含めて活用しながら

効果的に組み合わせること。

この三つの側面に学校を挙げて取り組んでいるのが、八名川小学校なのです。そしてそのカリキュラム・マネジメントの中心で機能しているのがＥＳＤカレンダーなのです。

つまり、今回の学習指導要領では「各校でＥＳＤカレンダーを工夫して作りなさい。そして校内研究や不断の実践を通じて、改善を図るのですよ。ＥＳＤカレンダーの指導計画部分の中には、地域の人材や関係機関・企業等も含めて教育的な資源をうまく位置づけて、地域に開かれた学校教育にするのですよ。それが充実した教育課程に結びつきますよ」と言っているように、私には読めるのです。

というのも、平成二六年一〇月九日の参議院予算委員会で、ＥＳＤの推進とＥＳＤカレンダーの活用について論じられ、当時の下村博文文部科学大臣が「江東区立八名川小学校のことは承知しております。ＥＳＤカレンダーは全国の学校教育に広げます」と明言されたことと符合するからです。

ＥＳＤカレンダーの活用を「カリキュラム・マネジメント」などと言い換えたことで、意味が広がり、人的・物的体制などまで付け加わり、その部分を強調して解説する大学教授などが出てきたりして、何をするのか曖昧になってしまったのです。

どの学校でもＥＳＤカレンダー作りを中心とした教科等横断的なカリキュラム作りをきちんと進めていただくことが最も大事なことです。

## 5　ＥＳＤカレンダーの作り方

しかし、ＥＳＤカレンダーをただ作ればいいわけではありません。ユネスコスクールの中でさえ、ＥＳＤカレンダーは作ったけれど、意味がよく分からずに、活用できていない学校だってあるようです。意味も分からずに他校のコピーをして、研究紀要に載せればいいというものでもありません。

以前、ある会議の席上で「ＥＳＤカレンダーは、作っても実践に活かせないから意味がない」と発言された委員さんがいて、驚いたことがありました。第三章「1　ＥＳＤカレンダーと『ピコ太郎』」の所で示したように、二一世紀型の教育観への転換をするのだということや、前に学んだことを活かすことで指導が楽になるし、時間が節約できるので体験等の活動も取り入れることができ、その分学びも深まるということさえ分からずに、この人はＥＳＤの指導・助言をしていたのかとあきれたものです。ＥＳＤカレンダーで色を分けている視点が、持続可能な世界に続く学びの視点でもあるのです。

環境は緑色、国際的な協力は青色、多文化の理解はクリーム色、人権・命の教育はピンク色と、この四つの視点でＥＳＤカレンダーを作っていたのですが、「国際的な協力」で協力システムを理解するという視点と、その基盤となる「多文化の理解」の視点とは同根と言えるので、本校では一つにまとめることにしました。そのかわり、白い枠に「学習スキル」という視点を加え、教科・領域等で学んだ「インタビューの仕方」や「グラフの書き方」など、総合的な学習を進める上で使えそうなスキルを関連づけ

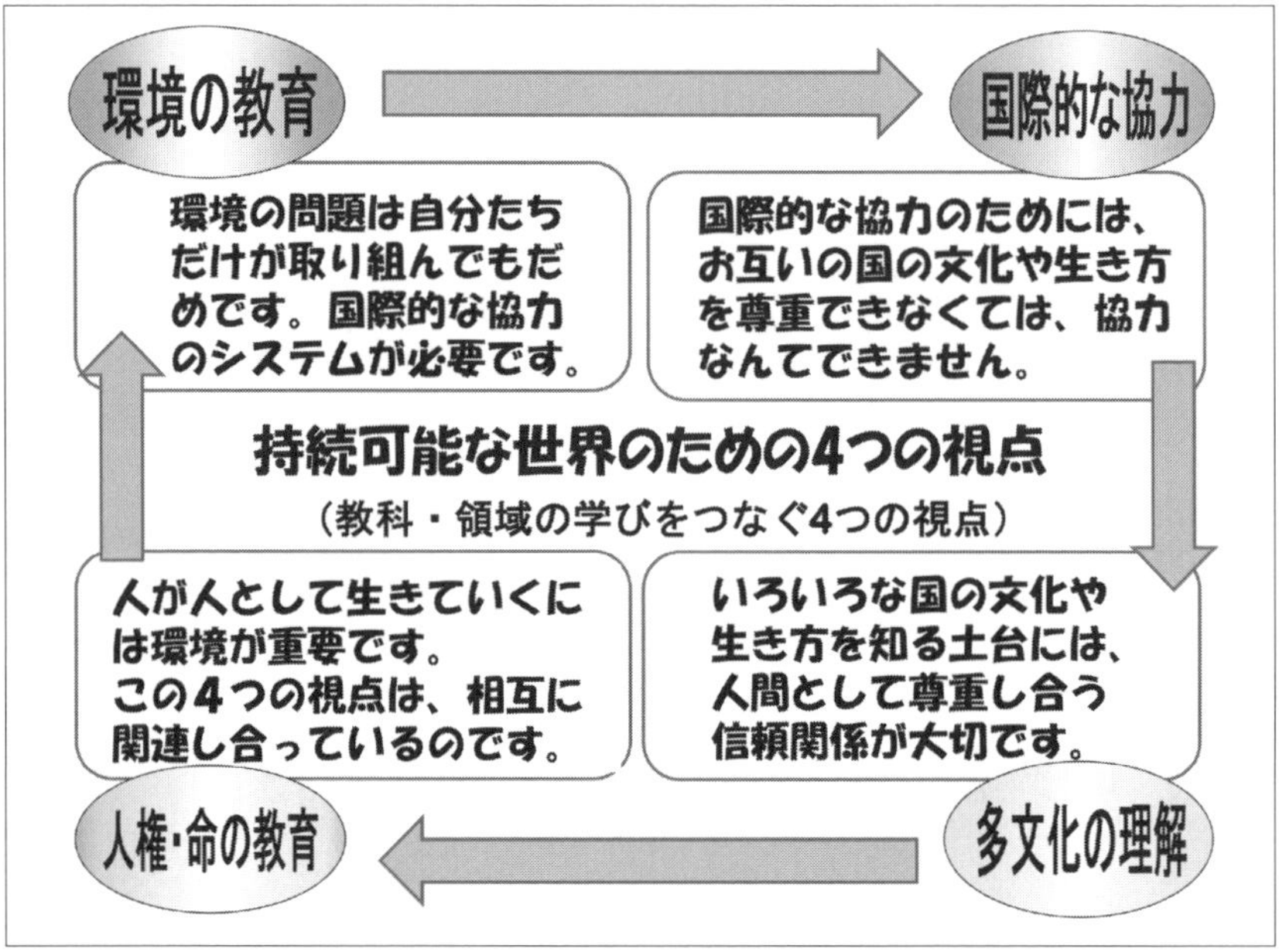
環境の教育
国際的な協力
環境の問題は自分たちだけが取り組んでもだめです。国際的な協力のシステムが必要です。
国際的な協力のためには、お互いの国の文化や生き方を尊重できなくては、協力なんてできません。
持続可能な世界のための4つの視点
（教科・領域の学びをつなぐ4つの視点）
人が人として生きていくには環境が重要です。
この4つの視点は、相互に関連し合っているのです。
いろいろな国の文化や生き方を知る土台には、人間として尊重し合う信頼関係が大切です。
人権・命の教育
多文化の理解

た「学習スキル」の項目を付け加えることとしました。

この図はESDの視点を三つに絞る以前のものです。これを矢印の向きに読み進めていくと、四つの視点が互いに深く関連しながら持続可能な社会をつくっていることに気づきます。気づきにくい人は、この図の上で三周くらい回ってください。ESDの視点と構造がご理解いただけるかもしれません。つまり世界の持続可能性にとって、どれも欠かせない視点なのです。ですから、「本校は、人権教育（あるいは多文化理解や環境教育）でESDを進めています」などという学校は、ESDの学校にはならないのです。「本校は人権教育中心の学校です」と言い換えましょう。そして、ESDの学校にするのなら、環境・多文化の理解・人権といった、持続可能な社会づくりにつながる視点を持って学びを再構築してください。

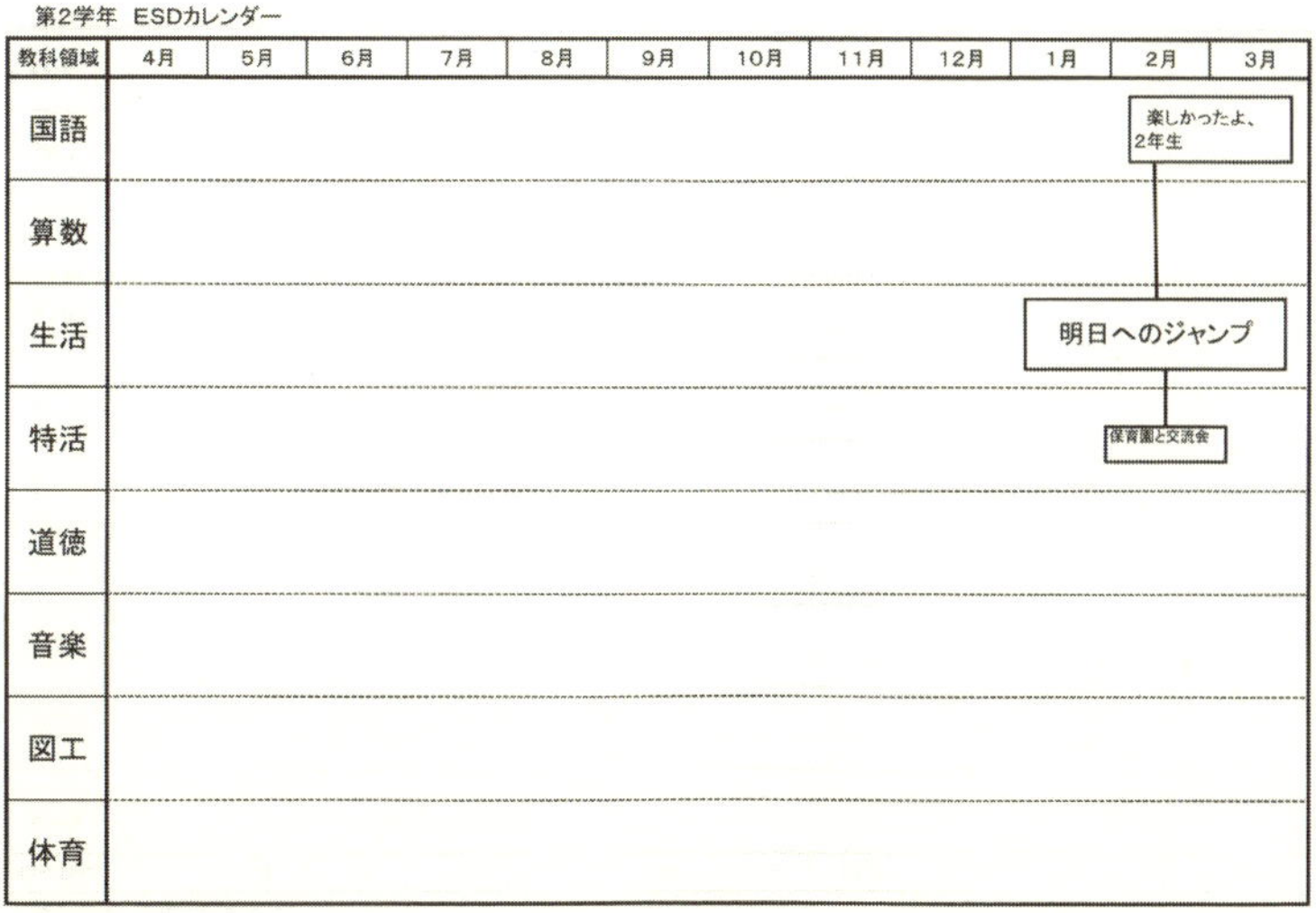
第2学年 ESDカレンダー
教科領域
4月
5月
6月
7月
8月
9月
10月
11月
12月
1月
2月
3月
国語
算数
生活
特活
道徳
音楽
図工
体育
楽しかったよ、2年生
明日へのジャンプ
保育園と交流会

初年度のESD カレンダー

実は、ＥＳＤカレンダーは、初めから完成形を作ろうとしなくてもよいのです。教科・領域の中から一つでも二つでも、児童・生徒にとって役に立ちそうなつながりを見つけ、それを活かした指導の工夫を出発点にすればいいのです。つなげて指導するという、指導観の転換こそが重要だからです。

八名川小学校に校長として着任して初めての平成二二年度には、前任校で開発したＥＳＤカレンダーの例を示し、つながりのある学びづくりに全校で取り組んでもらい、研究授業を中心に一年間の実践を進めました。しかし、年度末に研究紀要の原稿を見せてもらったら、驚きました。スカスカのＥＳＤカレンダーが六学年分、修正も指示されずに、そのまま掲載されようとしていたのです。「これでユネスコスクールの研究紀要と言えるのか。ちょっと校長として恥ずかしいな」と思ったものです。

でも同時に、「いや待てよ。これでもいいかもしれないな」とも思ったのです。自分たちの研究なのだから、その足跡がこれならこれでいいじゃないか。見せるための研究じゃない。今まで教科の異なる学習を関連づけて指導した経験のなかった教員が、「これをつないで良かった」と思っているのなら、それも研究の成果なのだと考えたのです。

教科をつないで指導することの効果を実感した職員たちが、次年度になると四月のうちに新しい学年で使うＥＳＤカレンダーをいとも簡単に作り、活用し始めたのには驚きました。しかも、全学年で難なくできていたのです。やはり、研究でも学習でも、自分たちが必要性を感じながら取り組むことこそが重要なのですね。

ＥＳＤカレンダーを作るとき、どんな単元にしたらいいか困るという話も聞きます。そんな時には、まずは先生方が各教科の単元名を並べて、自分の教科と関係なく、これをつないだら面白そうだなと感じるものを見つけることです。自分たちが面白いと感じないものを児童・生徒にやらせても、食いつくはずがありません。

どうしても材料が見つからないときは、自校やその地域の学校における今までの実践を丁寧に見ることです。この二〇年間にきっとどこかの学校で優れた実践が積み重ねられています。もしかしたら各学年の実践が、カリキュラムとしても実践データとしても、蓄積されているかもしれません。総合を中心に教科横断的なカリキュラムが工夫されているところもあるでしょうし、道徳や特別活動を中心に教科の学習がつながっている学校があるかもしれません。キャリア教育の視点から、あるいは性教育の視点から、優れた実践を進めていたかもしれません。それらを見直し、膨らませるのも手です。

もし、都道府県単位で広域的に探せば、ユネスコスクールとして認定を受け、ＥＳＤの視点から教科・領域を横断的につなげて豊かな学校教育を実現できているところもあるはずです。また、ユネスコスクール未認定の学校にも優れた実践はあります。互いに学び合い、共有しましょう。そのような、地域の中にあって優れた取り組みを続けている学校の良さにみんなで共感し、それを分析し、自校でどのようにアレンジできるか考える、というスタートであったとしても全く問題ありません。動き始めれば必ず自校の特色が出てきます。二年目には前の年の改訂版を作れば、グンと充実します。欲張らずに毎年、学年ごとに一つずつ単元開発をすれば、三年間で三つの単元になります。それだけあれば十分でしょう。第二章「8　中学と高校は、教科担任制と受験の壁を越えよう」の山ノ内中学校の例のように、一年ごとに一つずつの大きな単元を作るのも素敵でしたね。取り組みをしながら学校としての独自性を探ればいいのです。

また、他校の実践を見るときには、その実践を通じていかに生き生きとした子どもたちが育っているのか、いかに情熱的に学ぼうという子どもが育っているのか、いかに和やかな雰囲気で学びが進められているのかを見ていきましょう。先生方の表情の明るさも大切です。そのあたりにカリキュラム・マネジメントの極意が潜んでいるかもしれないのです。

Column

# ESDカレンダー誕生秘話

目白大学教授　石田好広

私は、小学校教員になって以来、環境教育の研究と実践に取り組んできました。総合的な学習の時間が創設され、環境教育に手応えを感じるようになった頃、二〇〇二年、当時の小泉首相がヨハネスブルグのサミットでESDについて演説する姿を見ました。その姿を見ながら、「これからの時代、学校教育にESDが必要だ。」と考えました。そこで、江東区立東雲小学校に異動した際に、校内でESDの研究・実践をすることを校長に提案しました。

江東区立東雲小学校では、教職員が協力し、充実した研究と実践を積み重ねることができました。しかし、危惧したのは、その研究と実践の継続性です。長い教員生活の中で優れた実践を目にしてきましたが、その教員が異動したり、担当が他の教員に代わったりすると、その学習が継続しない例をたくさん見てきました。ですから、東雲小学校の研究と実践だけは、何とか財産として残し、ESDを継続してほしいと強く願いました。そのために、学校計画の中にしっかりとESDを位置づけていく必要性を痛感していました。また、当時、ESDは大学の附属学校などの特別な学校でしか実践できないと思われる方も多く、一般の公立学校でも実践できることを全国に先駆けてPRしていくことが、東雲小学校の役割だとも考えておりました。

自分自身の過去の環境教育の実践の中から、ESDが求めているような「自己の変容」をもたらす学びには、児童が主体的に探究することのできるまとまった時間が必要だと実感していました。また、多様な視点から、自分たちが探究している問題を眺めることが、児童の視野を広げ、思考を深めることも分かっていました。ですから、東雲小学校では、総合的な学習の時間を核として、他の教科・領域を有機的に関係づけることを意識して、授業デザインをしていました。繰り返し授業デザインすることを通して、教科・領域を関係づけ、そのつながりを分かりやすく表現する必要性についても感じていました。

そんな中で思いついたのが、ＥＳＤカレンダーでした。言ってみれば、ＥＳＤの年間計画なのです。しかし、「カレンダー」という名称にすることによって、難しい教育というイメージを払拭してＥＳＤを親しみやすいものにすることをねらい、パッと見てＥＳＤの年間の教育活動が分かるものという位置づけで開発しました。一目で年間の予定や教科・領域のつながりが分かることで、教員のＥＳＤに対する意識も高まるだけでなく、ＥＳＤの教育活動が深まっていくとも考えました。

当時、東雲小学校では、ユネスコ協同学校（現在のユネスコスクール）への登録を目指していました。そこで、実施している教育活動を、ユネスコの四つの理念（①環境教育、②異文化理解・自国文化理解、③人権・民主主義の理解と促進、④世界規模の問題に対する国際システムの理解）から整理分類し、ＥＳＤカレンダーに色分けして明示しました。この点は、ＥＳＤカレンダーの特徴の一つかもしれません。

あの時のサミットから十数年が経ちますが、今も、ＥＳＤは革新的な教育です。理想的なＥＳＤを研究・実践することは並大抵のことではありませんが、一方で、どの学校でも研究・実践できる教育でもあります。これからもＥＳＤカレンダーがＥＳＤを推進する多くの学校で作成され活用されることを願います。

# 第四章

# 子どもの学びに火をつける
## ——主体的・対話的で深い学び

## 1　対話も含めた学び方の改革　——マズール教授のラーニングピラミッド

第二章「4　心配するな、学力は後からついてくる!」で示したように、八名川小学校の学力は七年間で飛躍的に上昇しました。特に算数のB問題(活用能力)で一八%を越える上昇を見せたのは、驚異的なことです。今までの教育とどこが変わって、何がそれほどの効果を出しているのでしょうか。多田孝志先生が会長を務める共創型対話学習研究所の研修会に参加し、ハーバード大学のエリック・マズール教授のラーニングピラミッドの図を紹介されて、なるほどと納得しました。これが八名川小の学力が飛躍した原因だったのかと分かりました。

従来の日本の学校教育は、先生の講義を聞き、教科書を読んで黒板の文字をノートに写し、指名された者が答えるという形が主流でした。八名川小学校でも、そのような教育に取り組み、子どもたちも素直に先生の指示に従って学んでいました。どうしても受け身の学びが主流でした。ですから、地域も良く、子どもたちも素直なのに、成績はあまりぱっとしなかったのです。

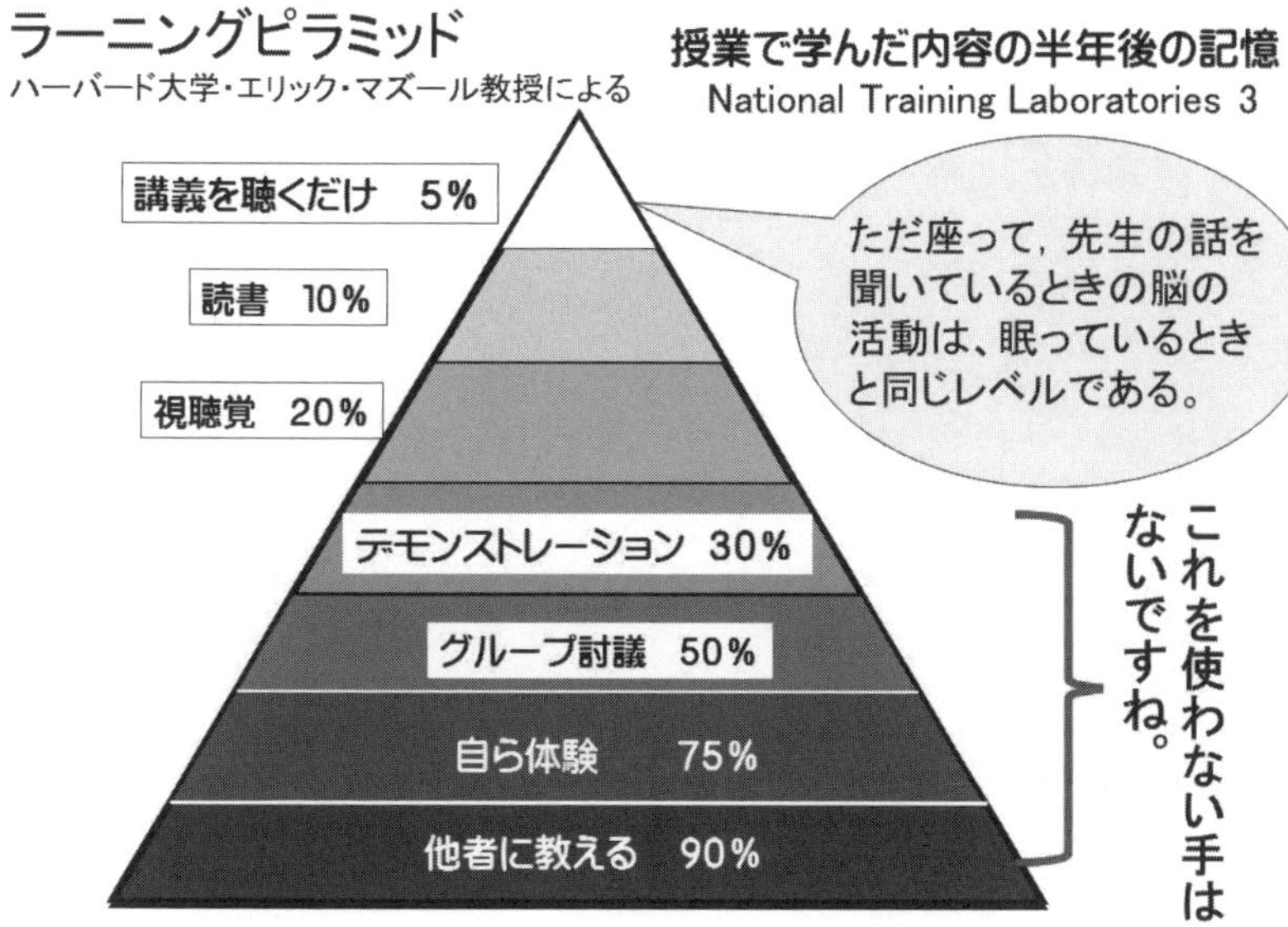


私は、マズール教授もラーニングピラミッドも知りませんでしたが、校内研究以外にも、自分なりに学校の活性化という視点から、先生方との取り組みを工夫しました。「来週から社会科で水の単元が始まるのですね。面白いやり方があるんだけど（と、授業の写真や使えそうな資料、ワークシートなどを見せながら）お手伝いさせてもらえませんか」と声をかけ、先生方に見てもらいながら、あるいは一緒にやってもらいながら、子どもたちの反応の豊かさを感じてもらいます。先生たちは子どもの食いつきの良さに驚いたり、一緒に楽しんだりしてくれます。そうやって学習問題ができ、単元の終わりには、今までのワークシートをまとめた本や巻物などの作品までできたりするので、子どもたちも先生たちも、宝物を得たようないい顔になります。

もし、これが校長に命令されて取り組んだとしたら、この幸せ感が得られないのです。一緒に楽しむ

他者に説明し，心に残る深い学びに取り組む２年生

姿勢こそが大切です。うまくいった授業の様子や、ワークシート、作品例等を写真やデータで残して、次の学年へのプレゼントにします。

面白い授業は、感動的な出会いや人とのふれ合い、体験に発展していきます。友達との協働的な作業も生まれます。それらの積み重ねの先に「八名川まつり」という全校ＥＳＤプレゼンまつりが実現したのです。

「八名川まつり」は、第二章「９　成長へのあこがれが明日の学校をつくる」でもふれています。例年一月、最終週の土曜日の午前中いっぱい、保護者・地域の方々、幼稚園や保育園児、その他大勢の外部の方々にいらしていただき、全校の子どもたちが前半・後半に分かれて、自分たちの学びの成果を発表し、聞き合うというものです。一年生から六年生まで、それぞれが工夫した方法で様々なテーマから発表をします。

テレビ枠の中と外とで現場中継を再現しながら話を進める六年生もいます。劇や紙芝居を入れながら発表する二年生もいます。原稿をすっかり頭に入れて、聞いてくれる人に合わせた話し方を工夫する四年生もいます。プロジェクターやテレビモニターを使ったプレゼンも、最先端ではなくなりました。必要に応じて使われる一つのツールに過ぎません。それ以外のものと組み合わせて工夫されています。発表までには、個人で取り組んだりグループで相談したり、他のグループの人にアドバイスをもらったりしながら準備をしています。インターネットで調べただけの発表なんて通用しません。自分で足を運んで感じたこと、考えたこと、体験から分かったことを伝えるから聞きたくなるのです。このような中で一年生から育ってくると、六年後には素晴らしい学び方や伝え方を身につけたスーパー小学生集団が育つのです。

ＥＳＤを推進してきた本校の取り組みは、奇しくもエリック・マズール教授がラーニングピラミッドで示された、心に残る学び、子どもたちの脳の活動を活性化させる学習のあり方そのものであり、そこにも八名川小学校の教育活性化の秘密があったのです。

## 2　子どもの学びに火をつける　——問題解決的な単元展開の工夫

問題解決に向けて主体的に取り組む「燃える子ども」を育てるには、知識という薪だけ積み上げてもだめなのです。授業時間数を増やしても、読み聞かせの時間を作っても、本質的な解決には全くなりま

## 単元名　「環境を考えた食品選び・食事作りを提案しよう」　全29時間　稲嶺・村中案

**まとめる・実行**　→　**つたえ合う**

### ⑥まとめ・練り直す　（８時間）

> 学習活動　調べた事を基に、「環境を考えた食品選びや食事づくり」を友達に提案し、意見交換をする。（本時）

Ｔ：１組は２組の、２組は１組の提案を聞いてアドバイスをしあいましょう。

Ｃ：消費量の違いを、グラフを使って説明すると説得力が出ると思います。

Ｃ：調理の方法を少し変えるだけで、ガスの消費量が減るのでいいと思います。

> 留意点　友達の考えに触れながら自分の考えを広げたり深めたりしていけるように、良かった点と改善点を話し合う場を設ける。

評価　分かりやすく表現する力
　　　人と関わる力

> 学習活動　話し合ったことを基に八名川まつりでの提案の仕方について話し合い、準備や発表の練習をする。

Ｔ：　調べたり友達の提案を聞いたりして、八名川まつりで提案する内容や方法について話し合いましょう。

Ｃ：私は○班のように、発表の仕方をもっと相手に伝えられるように工夫しようと思います。

> 留意点　一つの課題をみんなで共有し、質問し合い、確かめ合って発展的な活動につなげる。

評価　振り返る力

### ⑦伝え合う・取り組む　（４時間）

> 学習活動　八名川まつりで「環境を考えた食品選びや食事づくり」を提案し、エネルギーの使い方を全校児童や家族に知らせる。

> 留意点　プレゼンや資料・ワークショップ等を入れながら発表し、自分たちの提案を全校や家族に発信することの期待感を高める。

評価　分かりやすく表現する力
　　　実生活に活かす力

> 【地域・外部機関との連携】
> 環境エネルギー館・ＡＰＳＤ

### ②　問題意識の集約化で使用する家族へのアンケート

**家族のアンケート結果**

| ○大人が食品を選ぶ上で大切にしていること | ○大人が調理をする上で大切にしていること |
|---|---|
| 1. 鮮度・賞味期限 | 1. 味 |
| 2. 産地 | 2. 栄養 |
| 3. コスト | 3. 効率（時間・手間） |
| 4. 安全（添加物・農薬） | 4. 見た目 |
| 5. 旬のもの | 5. 家族（好み・食べやすさ） |
| その他　栄養、量、質、メニュー、味、　など… | その他　安全、衛生、健康（塩分・糖分・油分）、品数、　環境（無駄にしない・節電節水） |

環境は１０位！

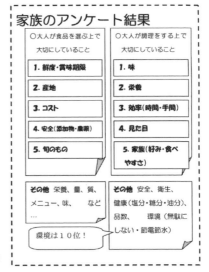

## 6. 指導計画　第5学年　総合的な学習の時間（平成23年度）

**学びに火をつける** → **調べる**

### ①問題に気づかせる　（4時間）

学習活動　環境エネルギー館に行って調べたり、APSDの方の話を聞いたりしてエネルギーを使う事で地球に及ぼしている影響（化石燃料の枯渇・地球温暖化）について知る。

T：エネルギーなしでは生活できない現代ですが、このままでも地球の未来は明るいかな？

C：エネルギーの使い方を考えなければならない。

留意点　事前に環境エネルギー館との打ち合わせを行い、「エネルギーが私たちの生活を豊かにしていること」「化石燃料には限りがあること」「新しいエネルギーが開発されていること」を視点に、プログラムを組む。

### ②火をつける　（1時間）

学習活動　家族が食品を選んだり、食事をつくったりする上で大切にしている事を調査し、その結果、大人が環境のことをあまり意識していないことに気付く。

T：家族の考えを知ってどう思いましたか。

C:大人の人は思ったよりも環境の事を考えていない！

C：家族に、地球におこっていること を伝えなきゃ。

C：エネルギーを減らす方法を伝えたい

留意点　食事づくりを通して家族への意識調査を行い、身近なことから環境を考えさせるようにする。

留意点　家族に環境について伝える活動を行うことを知らせ、学習の意欲を高める。

### ③テーマを決める　（1時間）

学習活動　どうすれば環境を考えた食品選びや食事づくりができるかを調べて、家族に提案しよう。

留意点　食事が完成するまでを、農法・輸送・調理のつながりで捉えさせ、テーマを決めるようにする。

評価　問題を見出す力

### ④計画する　（1時間）

学習活動　環境を考えた食品選びや食事づくりを調べる計画を立てる。

T：環境を考えた食品選びや食事づくりを提案するための計画を立てましょう。

C：インターネットで調べてみます。

C：お店に行って聞いてみます。

C：東京ガスのエコクッキング教室に電話して、聞いてみたいです。

留意点　エネルギーの使い方（電気・ガス・ガソリン）を視点にテーマを決めるようにする。

留意点　八名川まつりで「環境を考えた食品選びや食事づくり」を提案することを伝え、活動に対する意欲を高める。

評価　計画を立てる力

### ⑤調べる　（10時間）

学習活動　本やインターネットを使って調べたり、インタビューをして調査したりする活動を通して提案書を完成させる。

留意点　エネルギーを減らす方法だけでなく、現状についても調べ、比較させる。

評価　問題を追究する力

せん。問題解決的な能力を高めるには、質のいい問題解決的な学習を体験させるしかないのです。ですから教師の役割は重要です。基本的な事実認識として必要な知識はしっかり押さえ、ねらいすまして「火をつける」のが、ＥＳＤを進める教師の役目なのです。

それには、単元の初めの部分に「火をつける」(問題意識をもたせ、共有し、意表をつく事実をもとに学習問題を明確にする）段階を必ず位置づけ、解決への意欲を持って調べたり、まとめたり、伝え合ったりという活動に進めさせていきたいものです。これをしくじると、最初から最後まで教師の教え込みしか手がなくなるのです。そこでは、与えられた知識を効率よく理解し、覚え、再現できるだけの子どもしか育たないのです。

平成二三年度の八名川小学校の五年生は、稲作を中心に農業の学習を進め、ＴＰＰ問題と絡めて食料自給率問題についてディベートも行い、環境エネルギー館も見学し、環境問題についても学んできていました。これを踏まえ、担任の稲嶺・村中両教諭は、「八名川まつり」では家庭でもできる環境を意識した食生活への取り組みについて発表させたいと考えました。しかし、どのように動機づけたらいいのか迷って、校長室に相談に来てくれました。どのようにしたら、子どもたちに「エーッ！」と言わせ、「それじゃあ、家の人たちによく分かってもらって、いっしょに考え、行動してもらいたい！」と言わせられるのか、私も一緒に考えました。

ここでは、子どもたちの意識と保護者の意識が大きく違っていることが驚きとなり、その驚きが児童の問題意識に火をつけるのではないかと考えました。そこで、保護者は調理をする際にどのようなことに気

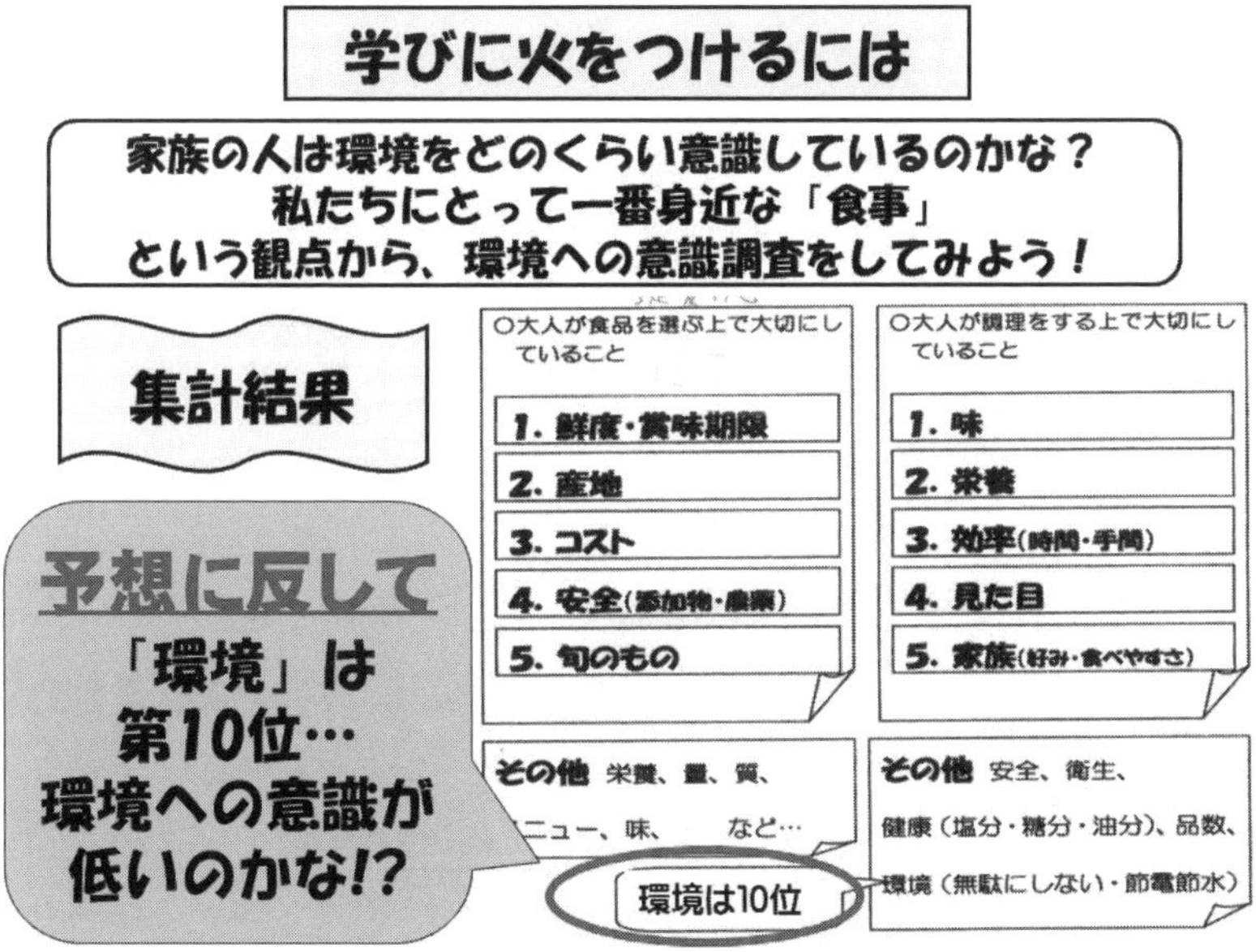
学びに火をつけるには
家族の人は環境をどのくらい意識しているのかな？
私たちにとって一番身近な「食事」
という観点から、環境への意識調査をしてみよう！
集計結果
○大人が食品を選ぶ上で大切にしていること
1. 鮮度・賞味期限
2. 産地
3. コスト
4. 安全（添加物・農薬）
5. 旬のもの
○大人が調理をする上で大切にしていること
1. 味
2. 栄養
3. 効率（時間・手間）
4. 見た目
5. 家族（好み・食べやすさ）
その他 栄養、量、質、メニュー、味、　など…
その他 安全、衛生、健康（塩分・糖分・油分）、品数、環境（無駄にしない・節電節水）
環境は10位
予想に反して
「環境」は
第10位…
環境への意識が
低いのかな!?

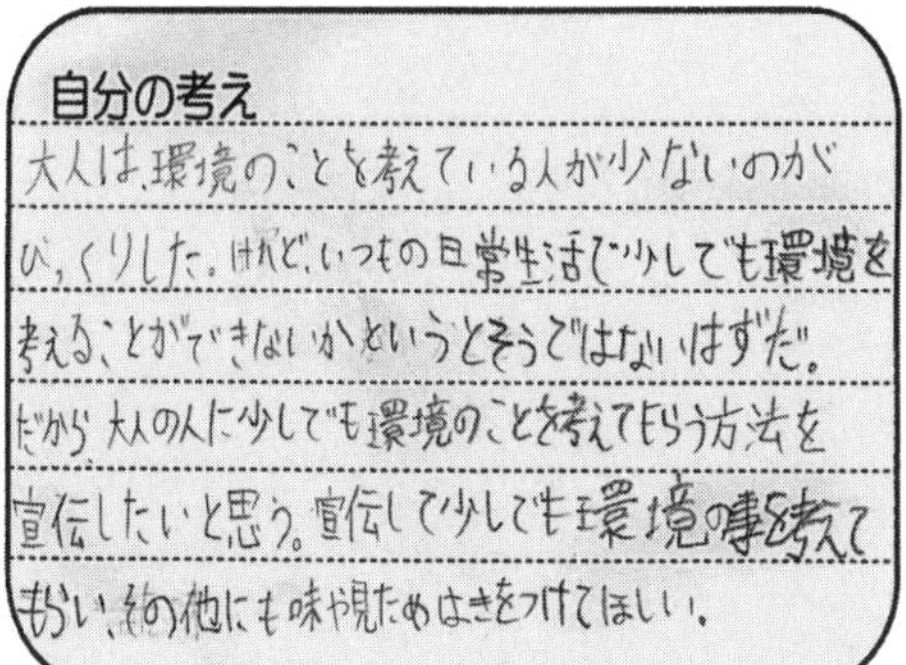
自分の考え
大人は、環境のことを考えている人が少ないのがびっくりした。けれど、いつもの日常生活で少しでも環境を考えることができないかというとそうではないはずだ。だから大人の人に少しでも環境のことを考えてもらう方法を宣伝したいと思う。宣伝して少しでも環境の事を考えてもらい、その他にも味や見ためは気をつけてほしい。

をつけているのかアンケート調査をすることにしました。保護者は安全で、おいしくて、安くて、栄養のあるものを、手早く調理したいに決まっていると大人は予想します。しかし子どもたちは、地産地消やエコ・クッキング、フード・マイレージと$CO_2$の発生量、食材と食べ残し、国産と外国産、遺伝子操作、フェアトレード等に意識が向いていました。ですから、アンケート調査の結果をグラフにして、これらがほとんど考慮されていないことを知り愕然としたのです。「安全でおいしく……」の重要性を十分に分かっ

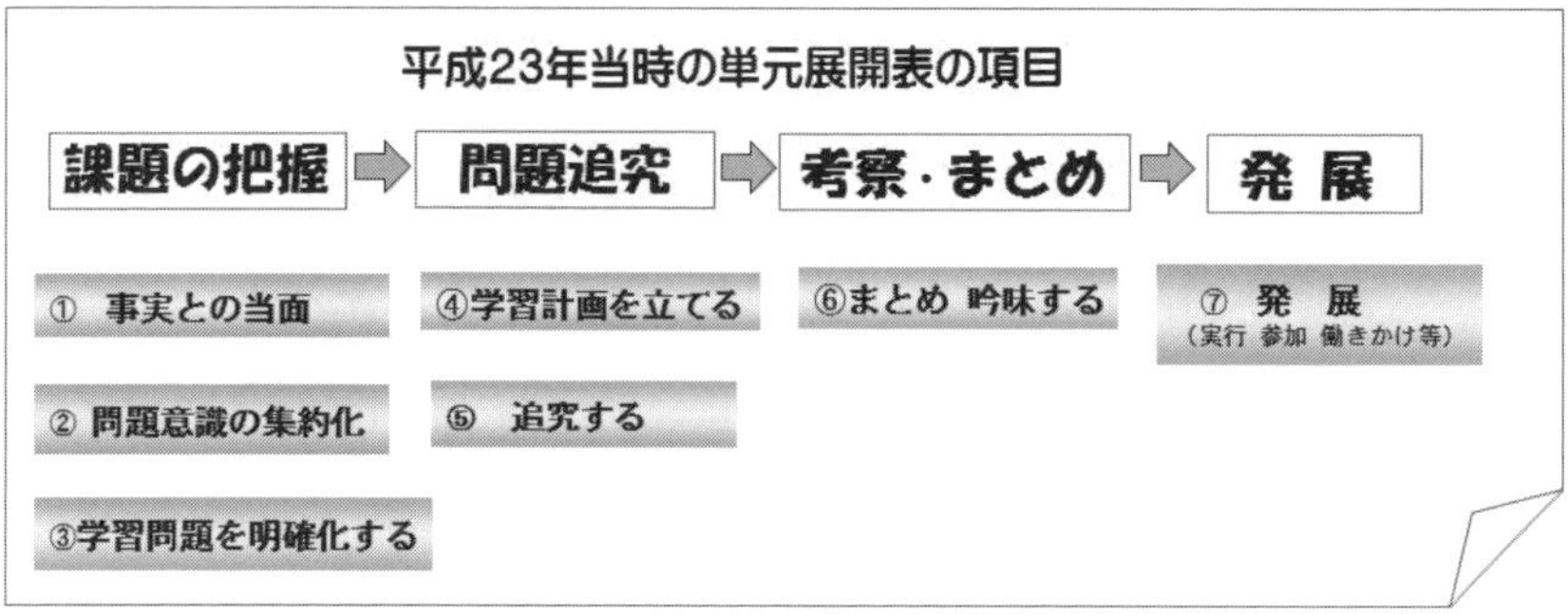


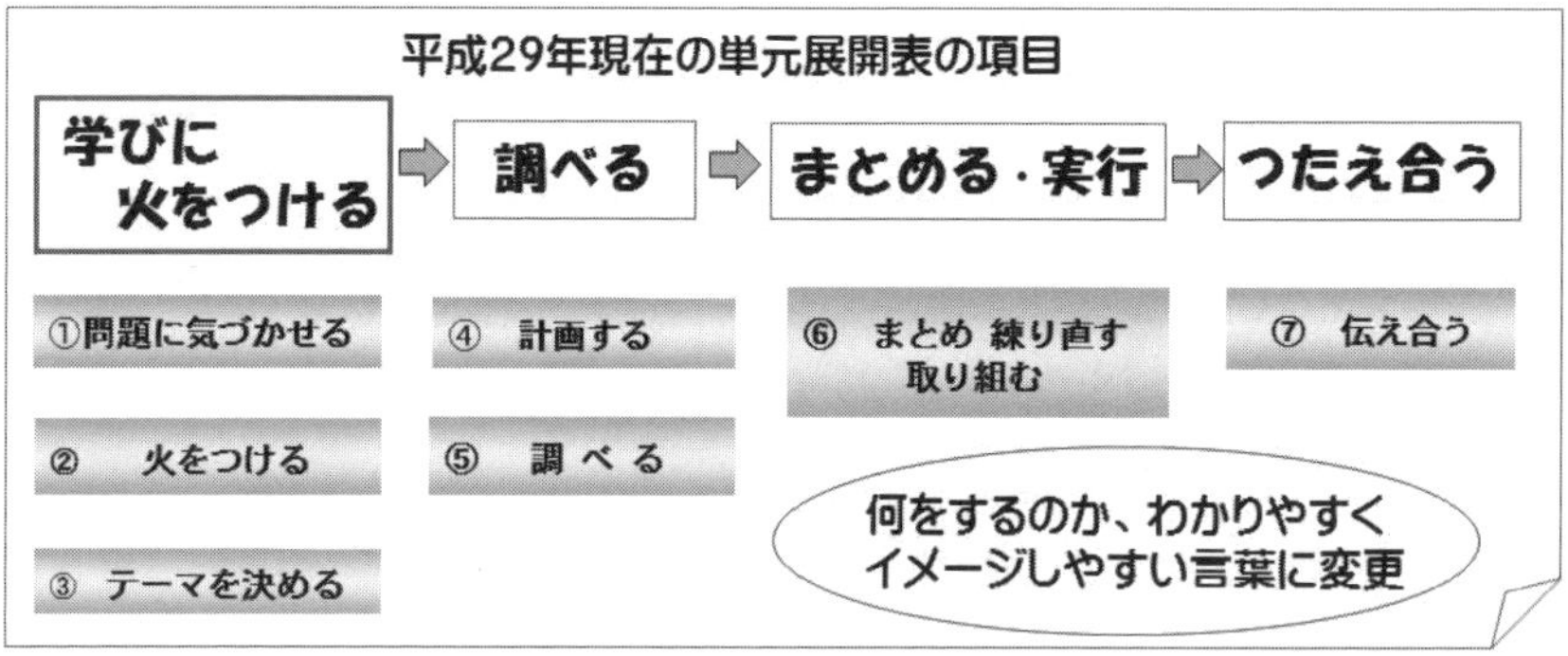


た上でも、「大人は環境への意識が低すぎる！　きちんと伝えなくては！」という強い思いを持って学習に取り組み、発信方法にも様々な工夫をするようになったのです。

一〇〇～一〇一ページの単元展開表は平成二三年度に実施されたものですが、現在の書式に直してあります。当時の単元展開表では、「学びに火をつける」ことを、「問題意識の集約化」あるいは「課題の把握」の段階などと呼んでいました。しかし、先生方には意味が伝わりにくいようでした。そこで、問題解決的な学習過程の構造を変えることなく、「問題に気づかせる」、「火をつける」、「テーマを決める」などというイメージしやすい言葉に置き換えて書式も変えてきました。

このような取り組みも、児童にどのような問題意識を持たせるために、どのような学習活動を用意し、その際にどのような配慮をするのかという重要な学習過程の構想について、教師が子どもの学ぶ姿に明確なイメージを持ち、具体的に指導案を書けるように工夫したものです。ここにも、未来型の教育に取り組める教師を大至急・大量に育てたいという意図があるのです。

## 3　主体的・対話的で深〜い、毒舌じじい放談です

さて、文部科学省は、今回の学習指導要領で「主体的・対話的で深い学び」をつくりなさいなどと、気楽にいってくれました。しかし、日本の教員の中で、学校時代を通じて主体的・対話的で深い学びを受けてきた人がどれほどいるのでしょうか。ほとんど皆無ではないでしょうか。とんでもない要求です。しかし、我が国と世界の未来を考えると絶対に必要です。

とは言っても、子どもたちに単元を見通した学習課題を作らせたり、主体的に追究させたり、それを発信させたり、あるいはそういう学習を教科等横断的にやりなさいなんて言われて、自分一人でできる先生なんて、なかなかいるわけがありません。いらっしゃっても学校内では孤立しているかもしれません。また、理論的・実践的な裏づけや一緒に取り組む仲間を熱望しているかもしれません。

そうですね。見回すと身近な先生方の中にも、主体的な学習づくりの重要性を直感的にあるいは体験

的に理解し、色々とご苦労を重ねながら、授業づくりを工夫してこられた方がいるはずです。（いましたか、よかったですね。）こういう人たちが、これからの日本の教育をつくる私たちにとって貴重な人財です。身近な所にいるはずです。きっと、日本の教育の救世主になれる人です。（大丈夫、あなたもなれます。……本音です。）そのような人から学びながら、学校として全員の力を結集して、みんなで一歩ずつ取り組んでいきましょう。

校長先生は、ご自分が指導できなくても一向にかまいません。それでも、「これからはカリキュラム・マネジメントと主体的・対話的で深い学びが大切になるようですよ。みんなで総合を中心に取り組んでみたらどうでしょう」と、方向づけしてください。それが、校長先生の一番重要な役割です。この一言を言えないで、「私は国語の学校をつくる」などと寝言を言っている方には、早々に退職してもらいましょう。だめです。体育でも英語でもいけません。教科や領域は、教育の枝葉です。教科化するからって、道徳でも同じです。……校長先生方、しぶといですね。いい加減に目を覚ましてください。（声を荒らげながら）あんたら、前世紀のしっぽを付けた妖怪か！（失礼しました。本音です。）

それから、「主体的・対話的で深い学び」について講義しようとしている大学の先生たち、ご自分の授業そのものが「主体的・対話的で深い学び」になっていますか。これを講義調で解説なんかされたら、笑い話にもなりません。そういう時代遅れな先生方から学んでいれば、主体的な教員なんか育つわけがないのです。「最近の日本の学生は、主体性が……」などと批評している人の授業を見てみたいものです。（本当は見たくありません。本音です。）

## 4 主体的な学習過程づくりの要点

先ほどの単元展開表をどのように作ったらいいのか、お伝えしましょう。

基本的には四つの学習の過程があります。そこでの具体的な説明は、次のページの一覧表をご覧ください。全てこの通りにする必要はありませんが、おおむね、このような段階が必要と思います。また、教科等と関連づけながら、このサイクルを二回転しても三回転してもいいのです。

二〇一七（平成二九）年九月一五日、八名川小学校の三年で、横田主幹と中田教諭が取り組んだ研究授業の単元展開表（一一二〜一一三ページ）もご覧ください。この授業はＳＤＧｓの11番、「住み続けられるまちづくりを」に該当する内容です。地域の安全や安心、そして豊かな人間関係をつくっている人々の取り組みや、それによって続いてきた町の豊かさ・文化といったものを三年生なりの視点から気づき、調べ、伝え合う学びです。

ここで示した指導計画案（単元展開表）には二つの特徴があります。

①問題解決の「学びに火をつける」から「伝え合う」までのサイクルが二段になっている。

②総合的な学習の時間の指導計画なのに、その中に、社会や国語、道徳などの教科等の指導が入っている。

# 学習過程

【まとめる・実行する】⇨【伝え合う】

ポートフォリオ等を活用しながら、効率よくまとめる。
発表練習では、助言カード等を活用する。友達と練習の交流をさせることで、説得力のある結論が導き出せる。

〇〇報告会、八名川まつり（ESD学習まつり）など、子どもたちが、学年や学校・地域を越えて発表したり、行動したりする場を設定する。
自ら考えたことを進んで実行させる。

学びのコーディネーターとして指導計画をデザインし、
地域にある素材を生かし、主体的で対話的な学びづくりをします。それができないと、教師としてやっていかれない時代になりました。先生方、がんばりましょう！

## 主体的・対話的な

【学びに火をつける】⇨【調べる】⇨

単元全体に関わる大きな問題意識を共有することが重要。目標に向けて、教師の仕掛ける能力が成否を分ける。下に示した「火をつける3つのステップ」を意識して指導する。

「計画する→調べる」というステップ。予想を立て、何時間で、どんな方法で、だれに聞いて、どこに行って、どうやって調べるか、どのようにまとめ、それを誰に伝えるかなど

| 1，出会う | 2，気付く | 3，問題意識をもつ |
| --- | --- | --- |
| ①体験活動や資料をもとに基本的な事実と出会い，共有する<br>②多様な気づきや感想を共有する | ①教師が提示したり、子どもが調べたりして合った矛盾する事実や意表をつく話や資料等から疑問を感じ、書き出す | ①グループや学級全体で疑問を出し合い、分類・整理して学習問題化する<br>②問題について予想をする |

一つ目の特徴は、サイクルが二段になっている点です。しかし、何サイクルになろうが、かまわないのです。小学校学習指導要領解説「総合的な学習の時間編」でも、探究のプロセスとして「①課題の設定→②情報の収集→③整理・分析→④まとめ・表現」を示すと同時に、くるくると右上に上昇するらせん図を示して「総合的な学習の時間における児童の学習の姿」を示しています。

ただ、解説での問題点は、「課題の設定」を誰がどのようにするのか、という一番重要な点を今回もはっきりさせなかったことです。「日常生活や社会に目を向けた時に湧き上がってくる疑問や関心に基づいて、自ら課題を見付け」と、子どもが自分で課題を見つけるように示されています。しかし、いつでも子どもたちが勝手に、都合よく課題を見つけられるわけではありません。そこには、学習を仕組む教師の存在が不可欠なのです。単元の目標に向かって、学習全体を貫く問題意識（与えられた「課題」ではありません。自分たちで「問う」気持ちが大切なのです）を子どもたち自身の手でつくれるように、仕掛け方をじっくりと考え、ねらいをすまして「子どもの学びに火をつける」、そんな教師の姿こそが重要なのです。

単元の目標に向かって、学習全体を貫く問題意識を子どもたち自身の手でつくれない限り、初めはいいのですが、途中あたりで体験活動そのものが面白くなってしまい、何のために取り組んでいるのかが見失われかねないのです。そうなると、探究的な学習の姿もらせん的に右上に向かうとは限らなくなるのです。目標を見失って這い回る姿を「活動あって学びなし」と批判されてきたのはこのためです。

柔軟に考えましょう。二段目のサイクルでも「学びに火をつける」過程がありますが、教師が学習を再方向づけ・再加速してもいいし、一段目の学びと成果を見直す中で、子どもたちから新たな問題が見つかり学習問題化できるのなら、それでもいいのです。

二つ目の特徴、教科の学習も組み込んでいる点ですが、これでもいいのです。学校生活は子どもたちが社会に出るためのトレーニングの場でもあります。大人になったときに、実社会・実生活の中で出会う様々な場面で、様々な知識や技能等を総合的に活用しながら生きていくのです。そのための資質・能力の育成なのですから、教科等の学習と往還することは、むしろ重要なことなのです。このような単元展開表を使うかどうかは別にしても、総合的な学習の時間のあり方として、実に重要なことと考えます。このように、総合的な学習の時間の中に教科の指導も入れてしまっても一向にかまいません。授業時数カウントはそれぞれですればいいだけです。むしろ、横田・中田両先生が工夫した、このような方向性を大切にしていきたいと思います。

そして、教科・領域の学びと無関係に「総合的な学習の時間」内だけで単元を作っている人がいれば問いたいのです。「あなたは何と何を総合しているのですか。それは総合的な学習と呼んでいいのでしょうか。」と。

## 単元名「発見！わたしの町のたからもの」全28時間

### まとめる

学習活動③　調べたことをもとにして、友達と協力してパンフレットを仕上げる。

T: 調べたことをまとめてパンフレットに仕上げよう。

C：みんなのお気に入りの場所が分かったよ。パンフレットにしよう。

＜留意点＞
仕上げたパンフレットは、学級で共有し、白地図とともに町の様子の学習とする。

### つたえ合う

国語科　2時間

学習活動④　作ったパンフレットを使って、町のじまんをし合う。

《スピーチをしよう》

3 分間のスピーチを考えて、自分の考えを友達に伝える。

T: パンフレットをもとにグループごとに自まん大会を開きましょう。

評価　国語科　話す・聞く

＜留意点＞
スピーチは朝の時間や、帰りの時間を使って行うようにする。

### ⑤調べる２　(2時間)

学習活動　インタビューしたことをもとにして、さらに聞きたいことを見つけ調べ活動を深める。

**①町会長、民生児童委員の活動、仕事内容**
町の人たちの苦情の相談、例大祭などのお祭りに向けた準備や苦労、町の防犯・防災について
ごみや騒音、公害などへの対策
**②町会の特色や良さ**
私の町会はここがいい！という点、他の町会と競い合っていることや協力し合っていること
**③八名川小学校への思い**
八名川小学校の入学式、卒業式などの行事に参列してくださっている理由
**④お仕事をされていて、大変だったことやうれしかったこと**
**⑤子どもたちに期待していること、お願いなど**

### ⑥まとめる・練り直す　(6時間)

学習活動　(本時)　インタビューした人たちを招待して発表会をする時に、何を中心に発表したらよいか話し合い決める。

T：発表会をする時に町の人たちに何を一番伝えたらいいと思いますか。

C：子どもたちのことを考えて活動していること。

C：町の人たちが過ごしやすいようにしていること。

留意点　・これまでに調べたことを冊子にし、振り返りながらまとめるようにさせる。

評価　振り返る力

### ⑦つたえ合う・取り組む

国語科　5時間

《進行を考えながら話し合おう》

◎グループで話し合って、考えをまとめ、自分たちの地域を紹介する。

学習活動　地域の人を招き、発表会を開く。

T：分かりやすい発表になるように、相談しながら練習し、発表しましょう。

＜単元のねらい＞

◎互いの考えの共通点や相違点を整理し，司会や提案などの役割を果たしながら，話し合うことができる。

○学校生活の中で紹介する話題を決めて，必要な事柄を調べたりインタビューしたりすることができる。

・伝えたい目的と内容を明確にして，言葉遣いや視線などに注意しながら話すことができる。

留意点　実際にインタビューした人たちを招き、発表をする。相手を意識した発表の仕方を工夫させる。

評価　国語科　話す・聞く

**【地域・外部機関との連携】**
・八名川六ヶ町　町会長、民生児童委員
主任児童委員　やながわファミリー

## 6. 指導計画　第3学年　総合的な学習の時間

社会科　4時間

**学びに火をつける** → **調べる**

学習活動①　社会科で私たちの町の自まん地図を考えたことを思い出し、どんな場所を自慢したらよいか観点を見つけ出す。

T: 私たちの町のどんな場所を自慢したいと思いますか。
C: ①歴史のあるところ
②地域の人の関心があるところ
③おいしい物があるところ
④思いやりの感じられるところ
⑤にぎやかなところ
⑥有名なところ
⑦楽しいところ
⑧きれいなところ

＜留意点＞グループごとに観点を書かせ、それを黒板に貼らせKJ法を用いて絞り込む。社会科では十分にできなかったことを思い出させる。

学習活動②　インタビューなどの取材活動を通して、私たちの町の宝物（場所・物）を調べる。

T: 私たちの町の宝物を調べましょう。最後はチームでまとめます。
C：町の人みんなが親しんでいるから、神明宮がいいと思います。
C：昔からあって、人々に守られてきた芭蕉稲荷は人気がある。
C：きれいなこと、美しいことならば、隅田川テラスの景色もいいと思います。
C：清洲橋も震災後に造られたきれいな橋だよ。

＜留意点＞
社会科「お気に入りの場所」の学習をもとに、白地図への記入や方位についても学ばせる。

### ①問題に気づかせる　道徳科　1時間

学習活動　「すりばち村のだんだん畑」この話をもとに、自分たちの町にも町の人たちの生活を考えて努力している人がいるのか考える。「町会長」や「民生児童委員」という人たちの存在を知り、それらの人がどんな活動をしているのか、実際に聞いて調べたいという意欲をもつ。

### ②火をつける　（1時間）

学習活動　開校100周年記念誌や、記念式典席次表などから、私たちの町にも町の人のことを考えて活動している人たちがいるのではないかと考える。

T: 私たちの町の宝物は場所やものだけでしょうか。
C:場所やものだけではなく、人のつながりもあると思う。
C:優しい人や親切な人がたくさんいると思うよ。
C:町の行事もたくさんあるよね。

### ③テーマを決める　（1時間）

学習活動　町のことを考えて活動してくれている人たちにはどのような人がいるのか知り、調べる人を決める。

評価　問題を見出す力

### ④計画する　（2時間）

学習活動　誰にどのようなことを聞いたらいいか相談し、インタビューの計画を立てる。

T：実際に町会長さんや民生児童委員の方々にインタビューをして、どのようなことをなさっているのか調べましょう。
C：町会長さんと民生児童委員さんは何をしているのですか。どうして、町の人のために活動しようと思っているのですか。

留意点・始めは町会について調べるようにし、調べることを集約させる。

評価　計画を立てる力

### ⑤調べる１　（4時間）

学習活動　町会長さんや民生児童委員など、自分の町会の人たちのために活動をしている人たちにインタビューする。

留意点・たくさんの疑問をもたせてインタビュー活動をさせる。
・質問の場や方法を工夫する。
・町会ごとの良さや違いを共有させる。

評価　問題を追究する力

## 5　どうやって「学びに火をつける」のか

「学びに火をつける」という、やっかいな部分をどう考えたらいいかという案も公開しましょう。問題解決的な学習過程（「主体的・対話的で深い学び」のための学習過程もこれと同じことですが）では、この部分が一番難しく、ネックになっています。ここを指導できることが、ＥＳＤを実践する上で、一番重要な鍵になります。

今回の資料は、八名川小での平山仁美先生の講演の内容をもとにしています。社会科教育の先達、故・古川清行先生が、「無門会」という四〇年以上も続いている社会科教育の研究会で、当時から一貫して指導されていた内容を、研究同人で東京学芸大学講師の平山先生に講演していただいたのです。その内容をベースに加工しています。次の三段階でお示ししましょう。

①問題に気づかせる
②火をつける
③テーマを決める

## 『こどもの学びに火をつける』際の3つのステップ

| ① ＜問題に気づかせる＞ | ② ＜ 火をつける ＞ | ③ ＜テーマを決める＞ |
| --- | --- | --- |
| 1) 体験活動や提示資料をもとに**基本的な事実と出会う**<br>2) 体験したり資料を見たりしたことから、多様な気づきや感想などをもち、それを**共有する** | 3) 教師が提示したり、子どもが調べたりして出合った**矛盾する事実**や**意表をつく話**や資料等から**疑問を感じ**、書き出す | 4) グループや学級全体で**疑問を出し合い、分類・整理して**まとめ、学習問題をつくる<br>5) 問題について、自分なりの**予想**をする |

### ①問題に気づかせる

ここは、多様化の段階とも言えます。子どもたちが体験活動や提示された資料の読み取り等を通じて、多様な気づきや感想をもち、それを伝え合い、共有する段階です。

子どもたちが出会った事実に対して強い興味や関心を持てるよう、感動的な出会いを演出することが望ましいです。また、その後の単元展開を方向づけるために、単元の本質に迫る何とどのように出会わせるのかが、指導者の工夫のしどころです。

【過去の事実や外国における状況との対比】

アジアの各国におけるごみの総排出量の変化（急上昇）をもとに、日本のごみの総排出量の変化を予測する（実際は減量化が進んでいる）、そしてその結果をどう考えるか、グループで話し合う。

【もし……ならばという（仮定）事実への着目】

東京都の昔のごみ処理で起こった収集停止が、何らかの原因で起こり、今日から二週間続いたら……。

【大きな変化への着目】

氷河がこんなに溶けている（二枚の写真で比較）、北極の氷でも、カスピ海の消滅でも、同様に大きな変化が見える。

【体験的な活動で驚きや感動】

水の学習の始めに、特別な水（本当は水道水）を味わって飲む。（一二二ページ事例参照。）

【数量・数値に対する驚き】

二〇五〇年の夏には、東京で真夏日が連続五〇日、熱帯夜が連続六〇日続く。（去年の数値と比較することで問題意識を生む。）

【子どもどうしの意見の食い違いを活かす】

消防署に貼ってあった地図で、学校の周りにこんな印がついていたよ。何だろう。やっぱり見に行って確かめるしかないかな。

**②火をつける**

①の「問題に気づかせる」段階でも、様々な興味・関心の広がりが見られます。しかし、「なぜ、その疑問を解決する必要があるのか」、「どうしても解決しなければならない重要な問題なのか」といった価値観や必要感が、まだ足りません。ですから、（それと反する）新しい事実に出会わせることで、強い驚きや感動を与えることも重要です。また、意表をついたり、揺さぶりをかけたりすることで、今までの

「事実や常識」とのズレや食い違いに気づかせ、事実と思っていたものへの再検討を促したり、強い課題意識を持たせたりすることも大事なのです。

【新しい事実・事例との出会い】

「大勢の人が暮らすようになった江戸には、世界に通用する優れた文化が生まれました。何でしょう。それは《SUSHI》です。冷蔵庫のなかった江戸時代に、江戸前の海でとれた魚介をおいしく食べさせるために、どんな工夫があったでしょう。……この土地にはSUSHI以外にも優れた文化がたくさん眠っていますよ」とか、「皆さんが、この一ヶ月に取り組んだCO2削減の成果は、全部で○○キログラムになります。現在の世界のCO2排出量の合計は……、そしてその結果……」とグラフ等で現状を見直すと、課題の大きさ、深刻さに改めて気づきます。すぐに解決できない問題に向かっていく必要感は、目の前の学習への意欲づけだけでなく、今後の学び続ける姿勢への大きな動機づけにもなり得ます。

【大人の意識の低さへの気づき】

アンケート調査してみると、「お母さんは調理の時に、安全やおいしさばかり考えて、環境への問題意識が足りない。地産地消や過剰包装や……」など、調理と環境への問題意識が高まります。あるいは、江戸・深川歴史クイズを家族とやってみて「お父さんは、この町に何十年も暮らしているのに、町の歴史や文化をあまり知らなかったのでびっくりした。私たちがしっかり調べて伝えなくては……」と責任感さえ感じ始めるのです。

【やる気をかき立てる誘いかけ】

「深川江戸資料館から、『展示室を全部使っていいですから、学習発表会をここでやりませんか』とお誘いがありました。どうしますか」

「○○小学校の子どもたちも（○○幼稚園の子どもたちも）発表会に来てくれそうですよ」

「近くのインターナショナルスクールの子どもたちと発表の交流のお誘いが来ていますが、どうします。英語が困るかな？」

「今までの○年生は、（写真や資料を見せながら）こんな作品を作ってきましたよ。君たちにもできるかなあ」

**③テーマを決める**

火をつける段階で書いた疑問カードを、ＫＪ法などの分類手法を使ってグループに整理し、見出しをつけたり関連するものを線で結んだりしながら、問題の構造や中心を明らかにします。その過程で、何が一番の中心的な問題なのか、その解決にはどのような課題の解決が必要なのかが次第に明らかになります。四年くらいでカード操作に慣れていないときには、このカード整理だけで一単位時間くらい使うこともあります。しかし、一度その手法を理解すると、自分たちだけでどんどんできるようになります。大変だけれども、子どもたち自身で操作させておくことが必要です。このようにして黒板や模造紙などに大きくまとめた疑問をみんなで見ながら、どこを中心にして学習するかについて相談していくのです。

疑問をカードに書かせまとめる際には、次のような声かけをするとよいでしょう。

・疑問はサインペンなどで大きめに書こう。
・一枚のカードに疑問は一つだけ書く。自分の名前も書こう。
・カードに書いた疑問を班の人と見せ合おう。
・同じことを書いているカードは重ねてまとめよう。
・自分たちにとって大事な問題はどれか、班の人と話し合い、シールを貼ってみよう。
・班でまとめたカードを黒板（ホワイトボード）に貼りながらまとめよう。
・似ている疑問は近づけて貼ろう。似ている仲間は線で囲んでみるよ。
・囲んだグループに見出しをつけていこう。どんな言葉にしようかな。
・グループどうしで関係がありそうだったら線でつないでみよう。そうすると、これが中心になるのかな。

さて、この資料はまだまだ十分なものではありません。皆さんのお知恵や実践をもとに、どうぞ書き加えたり訂正したりしてください。学校が違い、土地の文化が違えば、子どもたちの反応の仕方も違って当然です。皆さんの学校内で共有したり、全国に発信したりしてください。もちろん、日本の教育改革として世界に発信する価値も育ってきますよ。みんなでがんばって工夫を重ね、実践の中から価値ある教育論を紡ぎ出しましょう。

テーマ（学習問題）は次の四種類くらいに分類することができます。うまいテーマ（学習問題）を思いつかないときには、このような例から考えてみるのも一方法です。

【疑問直結型】

なぜ、なに、どうしてという疑問そのものの解決を目指します。

【経過追求型】

どのように進んだのか、その経過や手順を追いかけます。

【探検・発見型】

○○を見学して○○にまとめよう、などと、実際に見に行ったりインタビューしたりしてまとめます。

【作業型】

○○の秘密を調べて、新聞、本、紙芝居、物語、プレゼンテーション等にまとめます。

『学びに火をつける』段階の指導　総合的な学習の時間　単元名「　　　　」（　　）年

単元のねらい

| ①「問題に気づかせる」段階<br>どんな事実とどのように出会わせるのか | ②「火をつける」段階<br>どんな意表をつく話題や、矛盾する事実をぶつけるのか | ③「テーマを決める」段階<br>どんな学習問題を作らせたいのか |
|---|---|---|
| | | |

総合的な学習の時間　単元名「　ぼくたちの手で地球を守ろう　」導入の計画（　　）年

単元のねらい　温暖化問題を自分自身のこととしてとらえ、未来の地球を大切にしていくために自分たちができることはなにか考える。そして、具体的な行動を起こし、広めようと努めることで持続的に社会生活を送るための方法について考え、実践する力を育成する。　【SDGsの13番「気候変動に具体的な対策を」に対応】

| 「問題に気づかせる」段階<br>どんな事実とどのように出会わせるのか | 火をつける段階<br>どんな矛盾をぶつけるのか吟味する | テーマを決める段階<br>作らせたい学習問題を考えながら |
|---|---|---|
| 私たちは何歳まで生きていけるのだろうか。<br>2050年の頃、自分はどうしているか考え、話し合う。<br>世界気象機関(WMO)の『2050年の天気予報』(NHK)をユーチューブから視聴し自分たちの生きていく世界の気候上の課題を実感的に捉えさせる。 | 温暖化の原因は二酸化炭素等の増加であり、このまま増え続けると今世紀末には4度平均気温が上昇し、東京都では夏日が1年のうち110日を超えることを知る。<br>自分たちの生活が大きく変化することに気付かせる。また、そのことによりくらしがどのように変わるのか、考えさせる。 | 温暖化の防止のために家族でできる対策に取り組んでみる。江東区CO2削減プロジェクトとして実施（電気、水、ガスの節約・公共交通手段の活用等）<br>CO2削減成果は出たが、自分たちの取り組みだけでは変わらない世界の現実をグラフで示し、温暖化の深刻な課題と対策について、もっと詳しく知りたいと思うようにする。 |

また、最近作ったのですが、このような単元の導入時に「火をつける」指導の進め方の工夫を下書きするために、教師用のワークシートを用意してみました。これをもとに学年で相談したり、必要に応じて書き込んで週案等に貼り付けたりしたらいかがでしょうか。私も早速職員に提案してみたいです。「これで考えれば楽になる」と言ってくれるとうれしいのですが、どうでしょうか。記入例もつけておきます。

## 6 SDGsの6番【安全な水とトイレを世界中に】の授業が楽しく進みます

このような主体的・対話的な手法は、総合的な時間を中心としたESDの実践だけでなく、様々な教科や領域でも活用できます。例えば四年の社会科「水と私たちの暮らし」の学習では、問題に気づかせる段階で出会わせたい基本的な事実として、

①私たちは日常生活において、様々な場面で水を大量に使っている。
②給水が止まると私たちの生活に様々な支障が出る。生活に水は欠かせない。

という二点があります。こういった点を、教科書の挿絵やワークシートなどを使いながら押さえます。これが一時間目です。一般的にはこの二つの事実をもとに、「私たちの暮らしを支える水は、どこで、ど

のようにして作られ、送られてくるのだろうか」などという学習問題を教師が黒板に書き、児童がノートに写して次の学習に進むことになりがちです。しかしこれだけで、子ども自身にとって強い興味や切実な問題意識が生まれるとは限りません。ここからが大切な着火点です。子どもたちに「自分のこと」として受け止めさせる工夫が重要なのです。

二時間目に、教師は人数分の紙コップを並べたトレイをもって教室に静々と現れます。どのコップにも秘密のおいしい水（水道水）が入っています。「今日は暑いですね」と、一つのコップからおいしそうに飲み干します。「皆さんにも特別な水を用意しました。秘密の水です。飲んでみますか。では、順番に取りに来てください」と配ります。そして、「まずはひと口だけ、味わってみてください」と飲ませます。一斉に味わった子どもたちは、おいしいとか、味がないとか、どこから買ってきたのですかなどと、口々に感想を言い合います。その感想・気づきを黒板にまとめます。

次に、「まだ飲まないでくださいね」と言いながら、やや汚れた水の入った紙コップを配ります。すると、「何の水ですか」、「なんかきたねー」、「ちょっと池のにおいがする」などと大騒ぎになります。そこで、大きなペットボトルを取り出して見せながら江戸川の水をくんできたことを話します。ペットボトルを揺すると、全体が少し濁ります。手元の水をよく観察させてから「では、味わいタイムです。どうぞ!」などと冷やかしたりします。「なんか、おなかが痛くなりそう。先生、ばい菌が入ってるんじゃないですか」、

「飲みたくないです」と大騒ぎ。そこで「そうですか。実はここからくんできたんですよ」と金町浄水場の取水塔付近の写真を見せます。大騒ぎしながら、水道水と江戸川の水を比べさせ、安全性も含め、違いを黒板にまとめます。子どもたちもノートに比較して気づいたことや、感想を書き始めます。

この時がチャンスです、「実は、この濁っている方の水には秘密があります。川の中に立っている建物、取水塔っていうんですが、ここの下の所からこの水と同じ江戸川の水を取り入れます。これを時間をかけて変身させると、さっきの水道水になるのです」と言うと、大騒ぎになります。中には、黙り込む子もいます。そこで、カードを配り、気になることや疑問等をカードに書き出させます。疑問カードは班で内容ごとにまとめ、それを学級全体でも出し合ってクラスの学習問題にまとめるのです。自分の疑問も活かされながら「水道の水と川の水（金町取水堰《ぜき》・江戸川の水）は、どこが違うのだろうか。また、水道の水は、どこでどのようにしてつくられ、どうやって送られてくるのだろうか。調べて、新聞にまとめ、家族にも知らせよう」などという具体的な学習問題ができると、子どものやる気が高まってくるのです。

このような仕掛け方はどの教科・領域でも、大切なことです。おいしい水を飲んだという所から学習が始まったので、その瞬間に他

江戸川から水を取り入れる取水塔

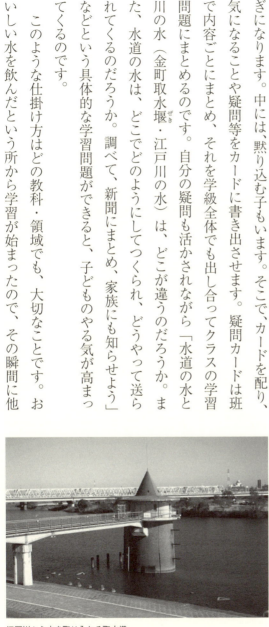

人事ではなくなるのです。東京都でしたら、水道局の「水道キャラバン」を招いて、実験などをしながら体験的な学びも取り入れましょう。

この学習は、社会科の「水と私たちの暮らし」という環境の視点の学びですが、その後の下水処理の課題とセットにしてSDGsの6番【安全な水とトイレを世界中に】につなげていけますね。「このような飲み水や下水の仕組みは世界中のどこの国でも同じように整っているのかな」と、視野を広げればいいだけです。子どもたちがどうしても調べたいという必要感や、このことは家族にも知らせたいという使命感、あるいは水という貴重な資源を大切に扱いたいという責任感を感じながら学習は進みます。数量的なものは算数の表やグラフなどの学びも活かせます。時数としては「下水」や「世界」の部分を総合で扱えば、教科・領域とつながったESDの優れた実践になりそうです。

このように、教員一人一人が「学びに火をつける」ことを意識するようになると、学校中の授業や子どもたちの様子が変わってきます。子どもたちが学習に対して前向きになります。自分のこととして学んでいるので、つまらなそうな子どもがいなくなるのです。そして、先生から叱られる必要もなくなり、何かをやらされているという気持ちがなくなるので、職員と子どもたちの人間関係が良くなります。

学びに火をつけられるようになった教員は、「いつも教え込まなくても勝手に勉強してくれるので、楽になりました」と話してくれます。職員の話が章末に登場します。

## 7 自己内対話と他者との対話 ――学習過程を踏まえて

八名川小学校では多田孝志先生のご指導をいただき、従来から、授業における対話の重要性に着目してきました。それは、ただ話し合いの仕方を工夫するというだけでなく、主体的・問題解決的な学習過程という大きな流れを定め、その各場面に即した対話のあり方を工夫するというものでした。

その中で、「学習過程の各場面で『個→グループ→全体→個』といった学習形態の工夫をしながら、それぞれの場面で次ページの図のような手立てをとれば、一人一人の子どもが自分の考えをみんなの考えの中に位置づけたり、同じような考えに支えられたり、自分と異なる考えに出会うことで見方の幅を広げられたり、地域の方々等との出会いで社会の変革に向かって行動したりする力も育つであろう」といっ

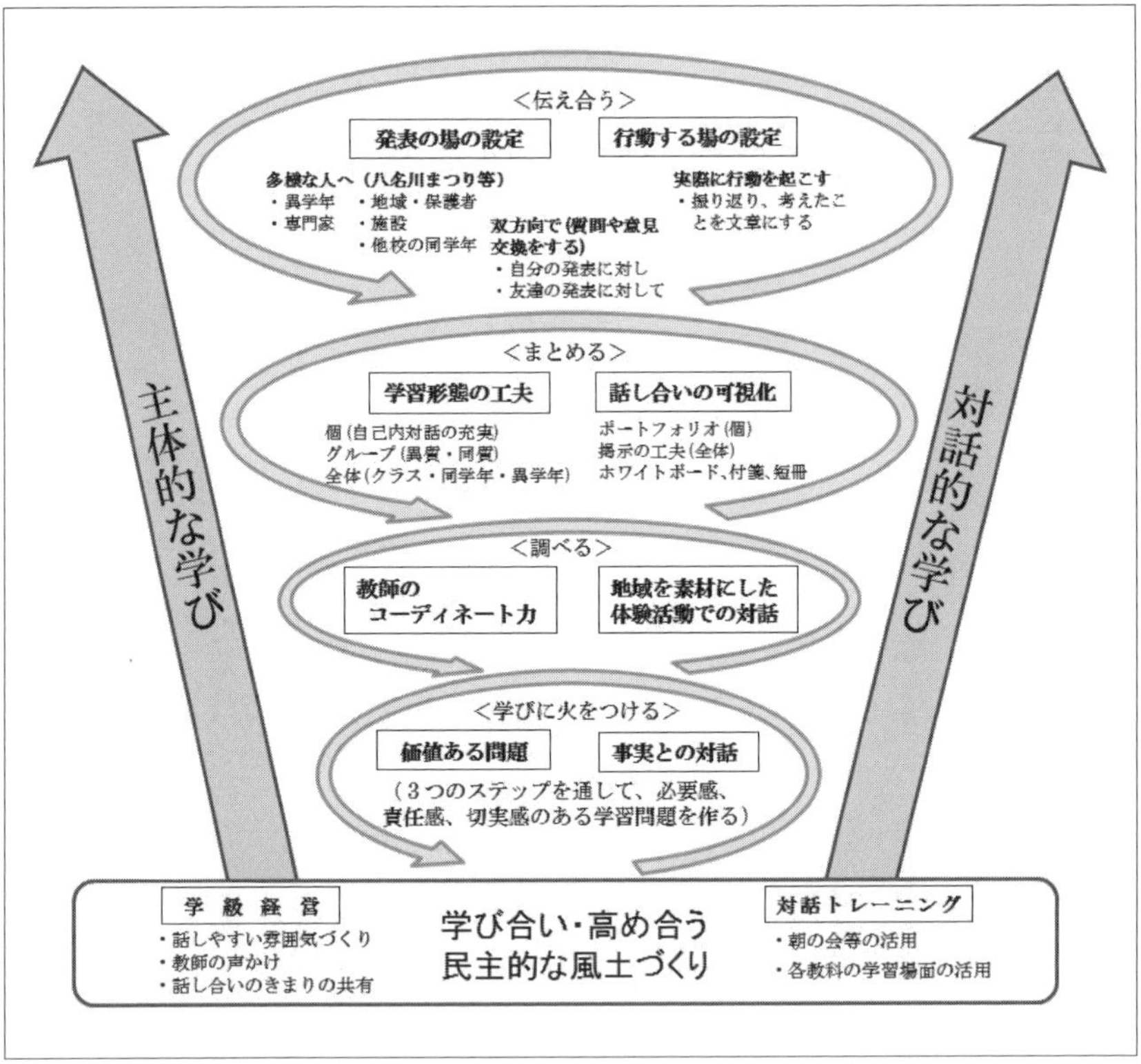


た仮説も生まれつつあります。

①まず一人で気づいたことや考えたことを書く

　これは、基本的な「事実との出会い」を通じて、出会った事実との自己内対話をしている場面。個人としての気づきや感想が多様に出されるために、感動的な出会いを演出することも重要です。

②それをグループなど少人数の中で出し合い、共感し、認め合うことで自信を深める

　個人の気づきをグループ内で出し合い、同じ考えをまとめたり、違いに気づいたりします。

このような作業を楽しく進めながら、身近な他者との対話が進みます。

③グループで出された意見として、自信を持って全体に紹介し合う

全体に向かって一人で話すのは、大人でもなかなか勇気がいるものです。グループでの対話や作業を通して、みんなから出された意見に見出しをつけたり、中型カードに書き出したりすると、心理的なハードルがぐっと下がります。それを持って話すのなら、自分にもできそうに思えるのです。

「話し合いの場面にどのような工夫をすることによって、子どもたちにどのような学びの深まりをつくることができるか」といった視点を踏まえつつ、場面に応じて疑問カードの記入、KJ法的な構造化、地域の素材を活用した体験活動、ワークシートの工夫、話し合いヒントカードやポートフォリオの活用、アドバイスカードや短冊への記入と交流、交流や発表の場の工夫など、その時々で工夫することで、豊かな対話が進みます。

また、対話による学びの深まりを本気で求めるならば、日頃から民主的な学級経営によって温かな人間関係を育て、話しやすい雰囲気づくりをしたり、話し合いの決まりを共有したりしておくことが重要です。さらに、朝の会や各教科等の学習場面での発表を通してそれを聞き合う習慣作りを進めたり、それに対して質問できるように育てることも、学び合い、高め合う民主的な風土づくりに欠かせません。

このような対話を活かした学びの進め方については多田孝志先生の『対話力を育てる』『共に創る対話力』『授業で育てる対話力』（いずれも教育出版から）を参考になさってください。

Column

# ESDで変わってきた子どもたちと先生たち

## 八名川小学校の職員室の声

八名川小学校の先生方に、子どもの変化を聞いてみました。するとまず返ってきた言葉は「授業がやりやすくなった」、「学校全体の雰囲気が違ってきている」。先生方は口々に声を寄せてくれました。

・算数などで知識や理解の遅い子のグループだったとしても、学びに向かう姿勢は変わらないし、意見も言えるし、食いついてきている。

・今までのまとめでは、そのまま写すだけの子が多かったのに、自分なりの言葉で説明したり強調したり、工夫するのがあたりまえになってきた。

・この子たちは言われてやっていない。自らというか、自然に、普通にやっている。

・前は、人が聞いていようが、聞いていまいが、発表原稿を読むだけだったのが、アドリブもきくようになってきたし、「こんなことを言ったら恥ずかしい」なんて子がいなくなった。

・総合の時間だけでなく、子どもたちが「どうやったらわかるかなあ」と調べ方を出し合い、「これはちょっと無理だね」とか言い合いながら、自分たちで工夫できるようになってきた。

・この数年間で、子どもに「こういうことを調べたい」とか「こんな発表をしたい」という思いが強くなってきた。「自分たちでアンケートをとって調べたい」なんて、普通に言い出すしね。

・一言、「これはどこを調べたらいいかな」と問いかけるだけで、どんどん意見を言い合う。

このように、どの先生も子どもたちの学習意欲や、学習集団としての成長ぶりを語っています。しかし、初めからＥＳＤの効果を理解していたわけではありませんでした。

・ＥＳＤカレンダーを見ても、「学んだことを他教科で活かすなんて、あたりまえのことじゃないか」と思っていたけれど、子どもの変化を見てきて、きちんと計画を練って、実践して、評価していくことって大事だなと思うようになった。

・子どもにどんな力をつけて次の学年に送ろうか、縦の流れで考えるようになった。

・「特活で進めてきた『八名川まつり』をつぶして、何やっているんだ」と思っていたけれど、子どもたちの「『八名川まつり』を成功させたい」という意欲が育って、以前より教育的価値がずっと高くなってきた。

・先生たちの子どもへのアドバイスの仕方がうまくなった。例えば、「それはこういう調べ方のことだね。これとこれは同じだから、まとめてみようか」、「じゃあ、まとめたらどんな発表の仕方をするの。分かるように伝えたいね。どうしたらいいかな?」などという声かけをするようになり、先生があれやこれや言わなくなった。

また、「学校教育にＥＳＤをスタンダードとして取り入れ、運営して行くにはどうしたらいいのかな」などとも、考えてくれるようになりました。やっぱり教師の成長と子どもの成長は大きくリンクしているのだなと実感させられます。

# 第五章 社会に開かれた教育課程の実現
## ――チーム学校、地域・保護者

### 1 地域に開かれた教育を進める ――見方を変えれば世界が変わる

初めて校長として着任した江東区立東雲小学校は、東京湾岸の埋め立て地にあり、工場や倉庫そして広大な空き地の広がる、江東区内でも交通不便な土地に立つ学校でした。人が住んでいるのは学校の周りの集合住宅だけで、店もほとんどありませんでした。子どもたちも教師もその五〇〇メートル四方の領域が学区域だと思っていたのです。

しかし、行政上の学区域地図を見たときに、私は驚きました。学区域に東京ビッグサイトや、有明テニスの森公園、東京都水の科学館、東京都虹の下水道館、日本科学未来館、東京国際交流館、東京みなと館（現・TOKYOミナトリエ）、メガウェブ（トヨタ）、パナソニックセンター東京から大江戸温泉物語等々があり、学区域内にはりんかい線の駅が三つもあるほか、最先端の無人モノレールゆりかもめで走っているではありませんか。これらを利用しない手はありません。パナソニックセンター東京では「ユニバーサルデザインの物づくり」、東京都水の科学館や虹の下水道館では「水と私たちの暮らし」、メガウェ

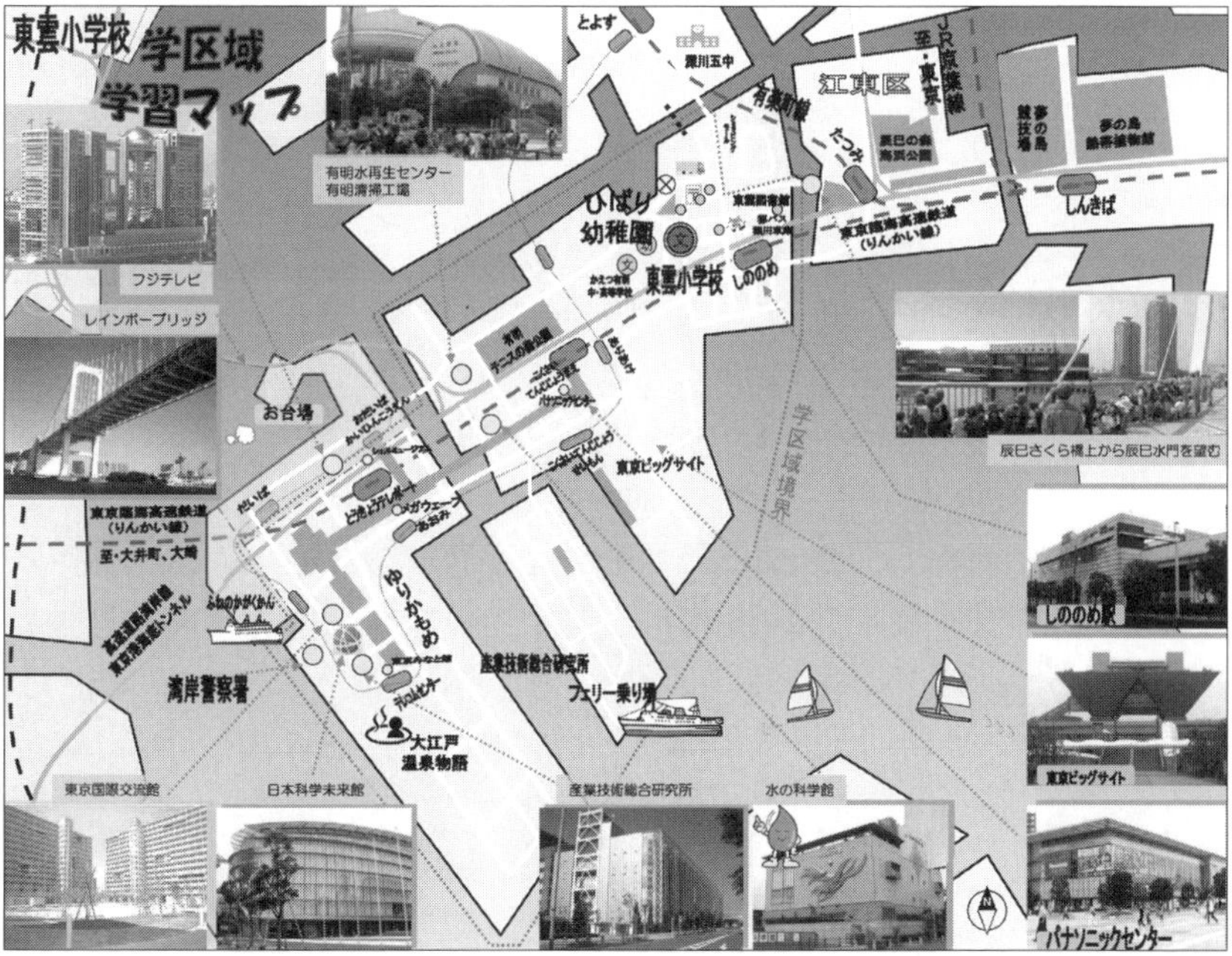


ブでは「最先端の自動車工業」、日本科学未来館では「最先端科学で捉える環境問題」、東京国際交流館では「国際理解」、東京ビッグサイトでは「エコプロダクツ展での学習発表」など、学区域は学習資源の宝庫でした。

地域の資源を利用した学習が進むに従い、体験を通した学びが広がり、学習が面白くなると同時に学区域への誇りも高まってきました。これらの学習資源をまとめたのが「学区域学習マップ」です。様々な施設を活用した学習が進むと、今度は「何もない」と思っていた町の中にも目が行きます。町を高潮による水害から守るための移動式の堤防「陸閘《こう》」に気づいたり、夜間の校庭で消防団が訓練しているのに気づいたり、佃煮屋さんの歴史に耳を傾けたりするようになります。初めから「何もない町」と思い込んだり決めつけたりする必要はなかったのです。人が住んでいればそこに歴史も工夫も生まれます。ただ、気がつかなかった、見ようとしていなかっただけです。人が住み始める以前の海では、人々は海をどのように生活に活かしていただろうかといった疑問さえ生まれ、豊かな学習が進みます。まさに「見方を変えれば世界が変わる」と実感しました。

同じことは八名川小学校でも起こりました。

八名川小学校の学区域には、東雲のような日本科学未来館も最先端企業のパビリオンもありません。施設といえば江東区芭蕉記念館と、小さな芭蕉稲荷があるくらいです。ですから、地域を活かした学習といえば俳句づくりくらいで、東雲と比べるとなんとも寂しい限りでした。

しかし、丹念に「この町の良さ」を探していくと、そこには江戸時代から四〇〇年も続く人々の歴史と文化があったのです。これを子どもたちとの学習に仕立て上げたのが、六年生の取り組む「江戸・深川の歴史を調べ、この町を語ろう」です。徳川家康の町づくり構想、運河を活かした水運の発達、浮世絵に残る江戸の自然や文化、寿司とうなぎに代表される食文化、それを支える江戸前の漁法、江戸野菜や、長屋で暮らす庶民の工夫、ぼてふりや木挽き職人などの仕事、震災や戦災を乗り越えてきた人々のたくましさなど、子どもたちが調べ、まとめ、語ります。発表会場も、教室から体育館になり、今では学校を飛び出して、深川江戸資料館の展示室を全面的に貸していただく、本格的な発表になってきました。そこに近隣の学校から児童も聞きに来てくれて、地域の文化を通した交流が広がります。

八年も続くと学びは進化し、自分たちでテーマを決め、体験を踏まえて学んでくるので、説得力が深まります。今年の六年生は、誰も原稿やメモを持たずに、手作りの資料を見せながら相手に合わせて語

りました。干鰯《ほしか》（綿花などを育てるための、鰯から作った肥料）を語ったグループは、木綿から布のリサイクルを語り、「雑巾に使ったら、最後は焚き付けにして、残った灰は、石けん代わりに使えます」と、灰を使って、汚れた布の洗濯実験に取り組み、その結果きれいになった布までを見せてくれました。共同便所を語る子たちは、そこで使う紙は「漉《す》き返し」だと言いながら、自分たちが古紙から漉いた紙にさわらせてくれるのです。三味線の師匠「長屋の於《お》し津《づ》さん」の暮らしを語る子は、「ここで三味線を弾いたら素敵だね」と友達と相談し、友達のおじいちゃんから三味線を習い、一節弾いてから、女手一つで娘を立派に育てた江戸の女性像を語り始めます。誰もが思わず引き込まれます。人が暮らすところなら、地域の歴史や文化はどこの町にもあるのです。そして、このように、その地域の歴史や文化を掘り起こすことで、学びも子どもたちも進化するのです。

しかし各担任の先生方が地域の良さに気づいて学習に結びつけていけるかというと、かなり難しいように思います。地域に出かけ、地域の人と交流する機会の多い校長先生がアンテナを高くすることで、職員に情報提供するなど、色々な可能性を広げていかなくてはなりません。地域に根ざした教育が進むかどうかも、校長のリーダーシップとコーディネート能力にかかっています。校長の見方が変わると見える世界そのものが変わり、学校の教育も変わるのです。

## 2　ついでに、世界に開かれた教育も進める

二〇一七（平成二九）年九月一五日のことです。この日の校内研究授業にも様々な参加者が来ています。三年生がこの地域の良さについてインタビューなどで調べてきたカードを出し合い、それをグループごとにまとめ、どんな発表会にしようかと相談する授業です。その授業を本校の全教員だけでなく、フィジー共和国から環境問題を中心に学びに来ている研修生（フィジーの公立小学校の教頭先生）、その通訳さん、東京都内のユネスコスクールの先生、国土交通省でＥＳＤの推進に取り組んでいる方、教科書会社の方、文部科学省の国際統括官をはじめＥＳＤ担当の方々、保護者、大学の先生など、実に多彩な方々が参観しているのです。

しかし、八名川小学校の子どもたちは、どんな参観者が来ていようが全く気にせず、いつものペースでどんどん学びを進めていきます。いつ、誰が見に来ても、全く気にせずに、実に楽しげに学んでいる

のです。この日の授業は体育館で行われていましたが、子どもたちはにぎやかにグループ作業をしています。その周囲では、その日初めて出会った方々どうしが、授業を見ながら感じたことを色々と話し合っていたり、メモをとったりしています。中には名刺交換をしている方もいます。

職員も同様で、実にさばさばしています。保護者も含めてどんな偉い人が来ても、研究協議会のグループ討議に加わっていただき、様々な観点から率直に意見を出し合い、それを聴き合い、研究を進めているのです。日頃から学校が世界に開かれ、自分たちと異なる立場や考えに触れられることに大きな価値を感じているからできるのです。

この日の講師の多田孝志先生は、講話の中で授業者の成長や子どもたちや授業自体の素晴らしさを認めながらも、「授業は教師にとって見果てぬ夢だからね」と言葉を添えて、次のレベルに進むために「あれで、本当に深まったと言えるのだろうか。学びが深まるためには……」と、厳しい指摘を遠慮なくしてくださるのです。受け止める側の教員の度量を正確に理解していなくてはとても言えない言葉と思います。そして私たちの目からまた一枚のウロコがはがれるのです。このような学び合いにこそ価値があり、様々な方が来てくれるだけの価値ある学校づくりにもつながるのだと考えます。

平成二四年度から二八年度までの来校者をまとめたら、国内一九九校の幼小中高から数百名の先生方、二六か所の教育委員会のほか、一九〇に及ぶ関係機関（文部科学省・環境省・国土交通省・国連大学等の研究者・企業・NGOなど）、海外から二〇件・二五〇名の訪問団が来校したり、あるいは本校から職員を派遣したりという交流がありました。私たちは、子どもたちの未来に向けた成長のために学び合っているのですから、通常の授業であろうが研究協議であろうが、学校は常に、世界に開かれているべきなのです。

## 3　全校朝会も活用する

全校朝会は全校の児童も集まりますが、同時に全校の職員が集まる場でもあります。ここで子どもに向けて話す内容はそのまま職員に伝わる便利な場なのです。普段は、校内研修会や職員会議などでも十分に話す時間が取れないのが現状です。このような機会も貴重な時間として活かしていきたいものです。

卒業式近くになると、私は全校朝会で校歌の話をすることがあります。校歌に詠み込まれている地域の様子や歴史的な事柄なども写真入りでプレゼンします。また、歌詞に使われている言葉の意味や、対になる言葉、韻を踏んだ表現などにもふれますが、何と言っても、そこに込められている地域の誇り、学校の誇りを子どもたちに感じてもらいたいし、先生方にはそれらを踏まえた教育を進めていただきたいと思っています。そのような様々な価値を伝える場として、全校朝会を活用しています。

また、年度初めの全体保護者会等では、職員の異動も紹介しますが、学校の経営方針や本校の教育の優れた特質なども語ります。その優れた校風をつくっているのが本校の職員であるわけです。多くの保護者のそろっている前で、職員の熱心な取り組みを語り、保護者や地域の方々の協力に具体的な例を挙げながら感謝し、子どもたちのための教育をともに進めていきましょうと語るとき、連携の深まりを感じます。

しかし、だからといって本校の教育の優れた特色であるＥＳＤについては、初めから保護者に語ることはできませんでした。というのも、保護者にとっては、「持続可能な世界の実現」など、遠い世界の話であり、関心があるはずもないからです。初めからそんな話をしたら、変な校長が来たと思われ、そっぽを向かれるだけです。一般的な保護者が望むのは、子どもにとって楽しいいじめのない学校生活であり、学力の向上であり、そのために、優れた先生に担任してもらうことくらいだからです。地域が望むのは、地域行事に参加する子どもであり、挨拶のできる子どもだからです。ですから、まず、いじめのない楽しい学校を実現させ、挨拶を盛んにし、子どもたちには充実した学校生活を実感させ、その中で主体的に学ぶ勉強の楽しさを感じさせるようにしました。そして、校内に掲示してある学習の成果物や、行事における児童のはつらつとした態度や言葉を借りながら、八名川小学校の良さ、子どもたちの素晴らしさを伝えるように心がけました。

八名川小学校での一年目の冬にユネスコスクールへの登録が承認され、東日本大震災への児童による支援活動に取り組んだあたりから、ユネスコスクールとしての取り組みや成果が表面化し、二年目の冬に本校がユネスコスクールESD大賞を受賞した頃になって、外の声に押されて保護者の関心も少し高まり、理解と協力が進むようになりました。PTA広報誌がユネスコスクール・ESD特集を組んでくださったのもこの頃です。そして、意味はよく分からないものの、八名川小学校がなんとなく良い教育を進めているようだと感じてもらえるようになったのです。

## 4 学校の良さを「見える化」する

どんなに素晴らしい教育理念があったとしても、それが職員に浸透して、教育そのものが変わり、そして子どもが育ち、周囲の誰もが「いいね」と認めるまでには、少なくとも二〜三年、長いと五〜六年はかかります。それまでに問題が出てきて、その対応を間違えると、学校はぼろぼろにされかねないのです。だから、特に本質的な良さが見えてくるまでは、どんな小さなことでも、良さそうに見えることを大切にします。本心で取り組むこともあるでしょうし、そうでない場合も、嬉々として取り組まなくてはなりません。だって校長先生は学校の顔なのですから。

朝の登校時に、校門で子どもに挨拶をすることも大切です。「挨拶だったら生活指導主任がやればいい、校長はもっと大きな立場から経営を考える」などと偉そうなことを考えることはありません。にこやかに頭を下げたっていいじゃありませんか。「今度の校長先生は、率先して子どもたちの前に立ち、迎えてくれる。素晴らしい人に違いない」などと好意的な勘違いをする方もいるはずです。少なくとも「いい大人が子どもに頭を下げて、馬鹿じゃないか」と思う人よりは多いようです。

地域の行事にできる限り参加して、「ありがとうございます。いつもお世話になっています」と頭を下げたって、いいじゃないですか。「偉ぶらない人だ」、「地域を大事にしようとしてくれている」と感じていただけたら、その後の教育がやりやすくなることだってあるかもしれません。もちろん本心でそのように思い、真心で伝えることが一番大切です。打算は、どんなに隠しても見抜かれます。色々な人と仲良くなって、あるいは本音で話せる仲間や味方を増やしながら、教育の本質に向かって改革を進めていかなくてはならないのです。そう考えたら、地域行事は願ってもないチャンスかも知れません。

前任校の東雲小学校時代には、写真入りの学校だよりを二〇〇枚くらい余分に印刷しておき、立食形式の地域の忘年会などで、名刺と一緒に企業の方々に配りながら一時間くらいは挨拶して回ったものです。「へー、東雲小では、国際理解教育に（環境教育に）取り組んでいるのですか」などと次々と話題が広がり、中には、何らかの協力を申し出ていただけることもありました。ゆりかもめの駅でユニバーサルデザインの学習をさせていただいたり、東京ビッグサイトで広いスペースを貸してもらって児童絵画展を開かせていただいたり、パナソニックセンターで新たな理数系教育施設「リスーピア」開館セレモニーへの児童の協力要請をいただいたりするなど、夢のような話が次々と舞い込むようになりました。それらをまた、学校だよりに載せて広報活動を進めるのです。素晴らしいと感じたことを「見える化」していくことが営業の基本です。

また、企業や関係機関、あるいはボランティアに授業への協力をいただいた時には、活動の様子を素早く写真に撮り、活動紹介コメントやお礼の言葉を添えた画面構成をしてA4サイズ写真用紙に印刷し、お帰りまでに記念品として渡せるようにもしました。ご自分が授業をしている写真はことのほか喜ばれ、そこから毎年継続したつながりが生まれたものです。このような活動には大したお金がかかるわけでもありません。心遣いをちょっとした形にするアイデアとささやかな努力が大切なのです。

ちょっとした努力の積み重ねが学校の経営をほんの少しだけ良い方に回転させるのです。でも、このほんの少しの回転が、良い方に回り始めることこそ、大事なのです。悪い回転が始まると、何をやっても悪い面が目立ち、なかなか元に戻りません。良い方に回転し始めると何をやっても良いように見えるのです。同じ努力をしても、悪い面を見られるのと良い面から見られるのとでは大違いです。だから、初めが肝心なのです。このことを忘れずに、校長は学校のトップセールスの実践家として頑張っていきましょう。

思い返せば、この営業する姿勢はユネスコスクールに参加しても変わりませんでした。初回から毎年の全国大会等で、自校の実践の入ったプレゼンＣＤや、ＥＳＤ推進のヒントの詰まった資料を何百枚も配布してきました。最近は、学校という枠を越えて「ＥＳＤの宣伝部長」のようになっている自分を感じております。

## 5 児童の成長を通じて保護者や地域の信頼を得る

例えユネスコスクールに加盟しても、ＥＳＤ大賞をいただいたとしても、保護者にとっては、それが我が子の姿に反映されていなければ、何の価値も認められません。だからこそ、私たちは学級の様子に気を配り、学年の実態に配慮し、授業の充実を支援して、一人一人の子どもが安心して自分らしく学べる教育環境を整えなくてはなりません。子どもが学校をいやがっているようでは、保護者や地域の信頼や協力が集まるわけもないのです。

毎年、地道な経営努力を重ね、学校が穏やかになり、子どもたちが互いに学び合いながら育っている

ことが保護者にも伝わってくると、学校が単なる学習競争の場ではないことが自然と分かってきます。すると、保護者の姿勢も「我が子のために」から「子どもたちのために」へと変わっていきます。もともと、大らかで協力的な地域でありましたが、一層その良さが増してくるのです。

　こんなこともありました。毎年二月に行われる江東区のスーパードッジボール大会に向けて、保護者が協力し合って子どもたちの朝練の指導に当たってくれています。この取り組みの中で素敵だなと思ったのは、保護者が考えた八名川小のコンセプトでした。それは、「誰もが参加できること、勝つためだけの選抜チームを作らないこと」だったのです。これは不文律でしたが、他の競技の時にも一貫して変わりません。そこに、この学校と保護者の素晴らしさがあるのです。このことは、口で言うのは簡単ですが、もし自分が監督やコーチになったらチームを勝たせたいし、我が子が強かったら強い子どうしで組ませたくなるのが人情です。それでも、本校の保護者は、どの子にも同じチャンスを与え、同じように練習の中で育て、子どもたちが一緒に成長する姿を喜んでくださるのです。そして、どの子も同じように育てるために出勤前の時間を割いて毎回指導してくださる監督・コーチの皆さんや、子どもたちを見守るお母さんたちの一貫した姿勢の中で、子どもたちはボールに向かう姿勢を学び、強い球をも受け止める勇気を身につけ、共に戦うチームワークを育ててきました。また、家族ぐるみの応援が『八名川ファミリー』としての応援に広がり、子どもたちの頑張りを後押しするのです。

激しい競争社会が広がり、勝ち組だけが生き残ると思われがちな世の中にあって、この八名川小の教育風土が今も続いていることは、ある意味、現代の奇跡ではないでしょうか。月曜朝会で行った表彰式後に、メダルを輝かせながら体育館を歩み去る子どもたちの自信や誇りが、この教育風土の価値を証明しているように思いました。

Column

# 海外の方も感銘をうけるユネスコスクールの子どもたち

公益財団法人ユネスコ・アジア文化センター（ACCU）シニアアドバイザー　柴尾智子

一九七一年に設立された公益財団法人ユネスコ・アジア文化センター（ACCU）が二一世紀になって新しく取り組んだことに、韓国・中国との教員交流、高校模擬国連、そしてユネスコスクール事務局・ユネスコスクール支援大学間ネットワーク（ASPUnivnet）事務局関係の仕事がある。ESD（持続可能な開発のための教育）については、二〇〇二年頃から事業のなかで用語として使ってきた。「国連ESDの一〇年」の実施決定を受けてユネスコとの連携によるものだったが、それまで行ってきた異文化理解に関する仕事や途上国の識字教育支援等を含むACCUの活動はESDとしても捉えることができると私たちは自然体で受け止めた。

韓国・中国との教員交流事業でも、国際理解教育とともにESDがテーマとなった。手島先生は初期から、この教員交流事業に参加・協力してくださり、韓国の学校との交流においても、訪日する海外の先生方の受け入れにおいても、ご自身でだけでなく、自校の先生方をも交流と意見交換のフロントに立たせてきた。東雲小学校でも八名川小学校でも、全校をあげた歓迎のなかに子どもたちの学びを常に位置づけていらした。そういった折にも、手島先生はとにかく惜しみなく、手法・教材・カリキュラム等を国外の先生たちに提供する。韓国の先生方のためにも中国の先生たちのためにも、ウェブサイトの自動翻訳機能等を色々に駆使して英語版や韓国語版、そして中国語版の資料集まで作成し配布していただいた。手島先生の「ＥＳＤ推進の重要性を伝え、その実現のための方策を共有したい！」という強い気持ちに驚き、感謝するばかりだった。

文部科学省その他のプログラムで手島先生の学校を訪れた海外からのゲストは数知れない。

私自身にとっては、二〇〇八（平成二〇）年三月に道案内・兼通訳として、当時ユネスコでＥＳＤ部長をされていたマーク・リッチモンド氏を、文科省の担当官とともに東雲小学校へお連れしたのが初訪問となった。校長室で地球温暖化に対する危機感と、地域を舞台にした子どもたちの学びの質を高める実践とを、両輪で話されていたのが印象的で、リッチモンド氏も感銘を受けていらしたのを思い出す。「ＥＳＤを実践するための学校独自の取り組みは行政との関係でどのように可能になっているのか」という質問に対して、手島先生は、学習指導要領を踏まえたＥＳＤカレンダーの作成を例にして、すべての学校でＥＳＤの実践が可能であること、必要であることを力説された。また、東雲小学校では、とにかく生徒たちが気持ちよく挨拶をしてくれることもリッチモンド氏には強く印象に残ったようであった。

手島先生とは、こうして、教員交流やユネスコスクールの文脈で、ＥＳＤを広め、深めるためのさまざまな機会にご一緒させていただいてきた。

手島先生が次に校長を勤められたのが八名川小学校。私たちの期待どおり、ほどなくユネスコスクールのネットワークの加盟校となった。

二〇一一（平成二三）年十一月に東京海洋大学で行われた第三回ユネスコスクール全国大会で、八名川小学校の六年生が、さかなクンとの公開授業に出演し、総合的な学習の時間の成果を発表してくれた。子どもたちはどの子も原稿を持たずに、次から次へと発表をしていく。また、さかなクンとのライブ感あふれるやりとりの中で、さかなクンの質問に当意即妙に答える生き生きとした子どもたちの姿を見て、我々「ユネスコスクールウオッチャー兼応援団」は、感動しつつも首をかしげていたのだった。「あの子どもたちはどうやって選んだのか？　特別よくできる子どもたちを選抜したのではないか……」と。

その後、何度か八名川小学校を訪れる機会を得て、いろいろな先生と話をしてわかった。全国大会の公開授業で発表したのは、地域の歴史を調べる学習の中で、偶然にも、江戸前の漁業の工夫や、その魚介類を活かしたにぎり寿司の完成など、「さかな」につながりのあることを調べていて、急遽グループとして編成された子どもたちだったこと。だからこそ、おとなしくて発表の苦手だった子や、やんちゃな子など、「とんでもなく」多様なお子さんたちであったこと。そして、どの子も東京海洋大学のホールに詰めかけた四百名もの大人たちの前で堂々と発表をして大きな自信を得たこと。優秀だからと特別に選ばれたのではない、ごく普通の仲間が語る姿、がんばる姿を目の前にして、子どもたち全員が自信を共有できたこと。さらに、担任の吉岡先生にとっても「この子たちはどうして授業中に発言しないのかしら」と悩んでいたことが一気に吹っ切れて、ご自身の教育観が開ける転機にもなったことなどである。

これは、たまたま、学校の外の者が見ることのできた大きなイベントでの実例だが、東雲小学校と八名川小学校という二つのユネスコスクールで、ＥＳＤで重視している「多様な学び」とは、多様な子どもたちに多様な活躍の場を与え、それぞれに成長を促すものだということを手島先生は実例で示してくれた。それが可能になったのも、先生方が日常的に出入りして何かしら作業をしたり相談したりしている広い校長室に象徴される、開かれた関係性と学びあいがあるからだということも納得できた。

手島先生は、そういった中から生まれる成果を自分の学校だけにとどめるのではなく、毎年行われるＥＳＤパワーアップ交流会という形で全国の教員や関係者に還元している。私もこの会の企画・立ち上げの時期にご相談を受け、研修会でなく交流会という位置づけと、文部科学省・ユネスコ国内委員会の後援名義の使用という二つの提案をさせていただいた。東京が突然の大雪に見舞われた日の交流会であっても、膝まで埋まる雪をものともせず、毎年百人に近い人たちが全国から集って実践発表や交流を楽しんできた。交流会では森下名物の元祖カレーパンをいただくのも楽しみの一つである。訪れる人も、おそらく迎える先生方も、こういった機会を通じてよりパワーアップしていくのであろう。ＰＴＡや、地域の方たち、地域の社会教育施設などを巻き込んでそれが進んでいく。日本の教育を、さらには世界の教育をも巻き込んでいくようなエネルギーを発していく。

手島先生はきっと、本当の成果は学校を巣立った子どもたちひとりひとりの姿、とおっしゃることだろう。ユネスコスクールで学び、自信と誇りを身につけ、真っすぐな目をした子どもたちがたくさん育っていることが、私にとっても大きな喜びだ。

# 第六章

# ESDを取り入れるために
## ――校長の姿勢と教員の能力向上

### 1　受け取ったバトンを持って、全力で走れ

クラスは担任によって大きく変わります。ぼろぼろに荒れた学級でも、優れた教師が担任すると三か月もしないうちに落ちつきます。半年もしないうちに優れた学習集団になります。

実は、学校も校長によって大きく変わるのです。ただ、いい学校かどうかは、外から校舎を眺めているだけでは分かりません。また、保護者として子どもを通わせているだけでも、分かりにくいものです。保護者として他の学校の様子を知る機会も少ないですし、外から見ているだけでは何が変わったのか分かりにくいでしょう。まして、全校の子どもの姿が大きく変わるまでには何年もかかります。その大きなスパンの変化を見極められる保護者も、教育委員会の担当者も、ほとんどいないのが現状なのです。

誰にもきちんと評価されない。それでも、校長の仕事に熱心に取り組もうという情熱家もいるのがこの業界の不思議でもあり、面白さでもあります。

さらに、私が「八名川小学校で八年目を迎えています」などと話すと、多くの方がびっくりされます。

どこにもそんな例はなく、各地の教育関係者に聞くと、校長としての一校の任期は二年から三年ほどで、それを過ぎると異動となる地域が多いようです。しかも、四月一日に着任すると、その年の教育課程がすでに決められていて、その年は前任者の方針を踏襲するしかありません。自分らしさを出すにも、これでは時間が足りません。成果も何も出せるはずがないのです。ですから双六の上がりのように「校長になること」そのものがゴールになってしまい、校長としてどのような学校経営をめざすのか、本気で考えない人が増えたり、前例を踏襲するだけの「夢を描けない校長」が多くなったりするのも、無理のないことと思います。

しかし、学校づくりが、長い年月をかけて人から人へとリレーでつながっているものだと考えると、その中の一日たりともおろそかにすることはできません。無駄にもできません。内示があったその日から勝負が始まります。その学校の現状を把握し、自分の持っている資質や能力をどのように活用すれば、その学校の良さを伸ばしていけるのか考えるのです。

校長として着任すると、勢い込むあまり、前任者の築いた良さまでを捨て去り、全てを自分の色に染めようとする方がいますが、もったいないことです。それではリレーのバトンを投げ捨てるようなものです。受け継いだ伝統や地域の良さをどれだけ取り込み、自分なりの教育観に位置づけていけるか、そこに校長としての器量があるように思うのです。

受け取ったバトンをしっかり持って、全力で走りましょう。

## 2　責任は校長がとります
### ――教職員との信頼関係の根本をつくる

私たちは、教育に夢を描いて教師になっているはずです。子どもや保護者に「先生」と言われることだけを望んだわけではありません。日本の教育をより良いものにしようと考え、先輩に学び、実践に取り組み、子どもたちからも学び、後輩を育ててきたのです。私たちは皆、教師として夢を描いてきました。

その延長線上で、校長になりました。職員に信頼され、協力し合っていい学校をつくり上げたい。全校の子どもが、どの子も本気で学び成長していく学校をつくりたい。保護者や地域からも心から信頼される学校をつくりたい。そのために地域と連携し、世界を視野にした教育を進めたい。そのようなことを夢見ているのです。夢があるから、どんな時でも決して教育をあきらめないのです。逃げないのです。それが教師魂であり、校長魂です。では、具体的にはどのような気持ちで、いつ、どのようにしていけば実践できるのでしょうか。

私は、最初に着任した東雲小学校でも、現在の八名川小学校でも、校長として着任して最初の職員会議でこのように話をしました。

「どんな事情があろうとも、学校で起こったことの最後の責任は校長である私のところに来ます。校長というのは最終的な責任をとるためにいるのです。皆さんが一生懸命に取り組んで、問題が起こったのであれば、私も責任の取り甲斐があるというものです。どうぞ安心して、教育活動に取り組んでください。でも、私自身が何も知らないのに結果だけ責任をとらされるのは少し悔しいし、早めに分かっていれば、いい対応ができるとも思います。迷った時やお困りの時には遠慮せずに早めに相談してください。一緒に考えてみたいと思います」

こんな言葉は怖くてなかなか言えません。だって、他人の責任を取らされるのは誰だっていやに決まっています。しかし、校長職というものは最後の責任を取らせるためにあるものなのです。絶対に逃げられません。教育委員会という所は、最後の最後でも助けてくれないと思っていた方が賢明です。どうせ、どうあがいても責任は取らされるのなら、開き直って、それを前向きに利用しなくてはもったいないですね。ですから、「私が責任を取ります」と、本気で言うのです。大丈夫です。命までは取られません。

そして、あなたが本気になったとき、この言葉は魔法のように職員の意識を目覚めさせるのです。この章の最後に載せる吉岡主幹の言葉を聞いてみれば、その効果は明白です。事実、この言葉によって勇気づけられたという職員は多く、その後の活躍には目覚ましいものがありました。

職員に約束したからというだけではありません。「学級でいじめが発生していた」など、日々色々な問題が出てきます。それが深刻そうな時は、子どもとも話しますし、保護者とも会います。他人任せにしたり逃げたりしないことが大事です。今の時代、逃げたらどこまでも責任追及されるのです。一見大変そうですが、校長として責任ある態度で保護者とも向き合い、課題と正対し、誠実に取り組まないと誰も納得しない時代なのです。

私は、学校に苦情の電話がかかってきたら、無理をしてでも「しめた」と思うようにしています。と言うのも、「学校に言えばなんとかしてくれる」と保護者が学校を信頼してくれているから、電話がかかってくるのです。そうでなければ、直接、市区町村の教育委員会や、都道府県教育委員会に訴えるはずです。最近はマスコミへのリークという手法も使われます。何だっていいから、目の前の課題を解決することだけをめざして保護者は行動しているのです。本当は学校が取り組まない限り、誰にも問題を解決できないことは、保護者も知っています。でも、学校にはきちんとした対応が期待できないと思う不信感から、教育委員会に持ち込んで指導してもらおうとするのです。

問題を解決するための準備として、まず、関係する教員たちが持っている情報の確認・共有から始めます。そこで方針ができたら、協力し合って、関係する全ての子の話を聞きます。個々の話に順番に耳を傾け、その子が「事実」と思っていることを全て受け止め、ノートに記録をまとめます。この段階では、少しおかしいかなと思っても否定せずに誠実に聞き取ることが大切です。そして、様々な子が様々な立場から見た具体的な事実を押さえ、整理します。記録こそが学校経営を支え、全てを解決するもとになります。

一番の問題点を探し赤で囲んだり、それと関係ある事柄を線でつなぎ、図にしたり、並べたり、時系列で番号を付けたり、色分けしたりしながら、矛盾する点を明らかにして、それについて再度聞き取ったりします。その中から総合的な「事実」が明らかになってきます。中心人物の問題ある行動や、関係する子どもたちの問題点も浮かび上がってくるはずです。事実はそれでいいのか、関係した子どもたち全員に確認できたら、後はどう解決すると良いのか、問題の中心になっている子どもと向き合って、一

8年分の経営記録

緒に考えます。その結果を職員とも共有します。

その答えを聞いて、みんなが互いに納得できそうならば、後は保護者との問題になります。その際にこそ「学校として」の対応が重要になります。校内で問題が起こったのであれば、問題を起こした子どもの保護者に対してでも、最後には校長が頭を下げ、学校としての責任と対策を示さない限り解決しません。責任は校長が取るのです。

いずれにしても、事件は学校で起こり、その真の解決は学校にしかできないのです。そこから目をそむけるようでは校長として失格でしょう。そして、「保護者からの苦情が寄せられる」など、職員が一番困っているときに頼りになるから、信頼が集まるのです。また、学校で毎回きちんとした対応ができることが分かってくると、保護者からの信頼も寄せられるようになります。問題が起きても、保護者として自分たちにできることを考え、相談するなど、自分たちでも何とか協力するようになるのです。ですから、最近では苦情もほとんどありません。年に数件あるかどうかといった状況で、本来の教育活動に集中することができています。

## 3　民主的な経営を心がけ、民主的な風土を育てる

校長は権力者ではありません。ましてや絶対者でもありません。ですから、偉くも何ともありません。民主的な社会で生きる一人の経営者なのです。たまたま役目上で、人の支えの上に立たせていただいていることを深く自覚するように、気をつけています。

だから、相手の声に耳を傾け、その思いをくみ取り、現実とすり合わせていく姿勢こそが重要です。もちろん、校長として自分の意見を通そうと頑張ることもあります。しかし、自分の意見を一つ通すために、その後に聞けるはずだった貴重な意見を失うことにもなりかねないのです。自分に対する批判者とも心通わせ、批判者だった人を協力者に変えるとき、学校の教育力は何倍にも大きくなると思うのです。

先ほど、苦情が来たら「しめた」と思えとお伝えしました。しかし、人の意見に対して聞く耳を持たない人には、とても「しめた」などと思えるはずもありません。苦情に腹が立つだけです。あるいは困り果てるだけです。しかし、民主主義で大切なのは自分と異なる意見をも「受け止める力」なのです。具体的には、「私がこの親の立場だったら、かんかんに怒るだろうなあ」と共感し、「どうしてこんなことになったのだろう。どこに原因があったのだろうか」と悩み、「ではどうしたら根本的に解決ができるだろうか」、あるいは「少しでも改善するためにはどんな手が考えられるだろうか」と自分なりに一生懸命に考えることが大切なのです。それが、相手の思いを受け止める力なのです。そして、そこから生ま

れた考えを伝え合ったり、少しでも共感してもらいながら、更なる改善案を提示したり、実践を約束したりすれば良いのです。これが民主主義の時代に生きる校長の姿なのではないでしょうか。

「民主主義」といえば、社会科で、日本国憲法と関連させながら、平和主義や民主主義、一人一票の投票で決まる多数決の原理や、多数決で進む国会審議などを学びます。それも民主主義の姿であることは間違いではありません。しかし、民主的なあり方や生き方は、日常の学びや生活の中でこそ学ばれるべきものではないでしょうか。自分と異なる考えの人も一人の人として尊重し、その人の考えも、私と同じ重さを持った大切なものとして認め合うことが民主主義の基本だと思うのです。自分にない考えを発見し、耳を傾け合い、違いを尊重し合うところに民主主義の価値があるのだと、私は考えます。また、このような考えがなかったら、対話を活かした学び合いも高め合いもあり得ないのです。「○○さんの意見だから従わなければならない」のではなく、「自分が気づかなかった意見だから」大切なのであり、「そのような意見を持てる○○さん」だから尊敬できるのではないでしょうか。○○には、もちろん児童の名前が入りますが、もし、職員から見て「校長」の文字が入るようだったら、これも幸せと思います。

学級がこのような民主的な学びの場になり、学校が民主的な協力の場になったら、どれほど気持ちよく、生きやすいことでしょう。学校にそのような教育的風土をつくるのは、校長先生方の「姿勢」なのです。いかにしても通さなくてはならない課題があるのも事実です。しかし、同じことでも強引に命じられて取り組むのと、どのように進めたら納得できるのか一緒に考えながら進めてもらうのと、どちらが気持ちよく協力し合えるのかを考えてみましょう。自ずと明らかになるのではないでしょうか。

## 4　危機感を共有する

「教員という職業はなくなるかも知れません。色々なデータを見ると、二〇二〇年にはなくなる職業の中に『知識・理解を伝えるだけの教員』が入っていますよ」

「従来の学校にあった職種の中から、学童擁護員さんが消えてシルバー人材センターからの派遣になりましたね。その次が警備員さんでした。機械警備化されて、正規職員は徐々にいなくなりました。同様に給食調理員さんでは、自校調理の学校でも公設民営化が進み、区の施設を使って企業から派遣された調理師さんたちが作るようになってきました。用務主事さんも派遣会社に委託が進んでいます。東京都では、中学校から事務職員も数校を一括管理する兼任制を進めようとしています。今後どうなるでしょうか。二〇二〇年なんてすぐそこですよ」

私はこのように職員に語りかけています。時代が激変している中で、百年前と同じような教育をやっていても意味がないのです。そのような教育しかできない人には、今もらっている給料分の価値はないのです。

未来に生きる子どもにどんな資質や能力を育てなくてはいけないのだろうか、そのためにどんな授業をできなくてはいけないのだろうかと考えてもらうことが重要です。そして、そのような授業はこの学校のどの教室にあるのだろうかと、周りを見回してもらいたいのです。そのことを通じて、自分はでき

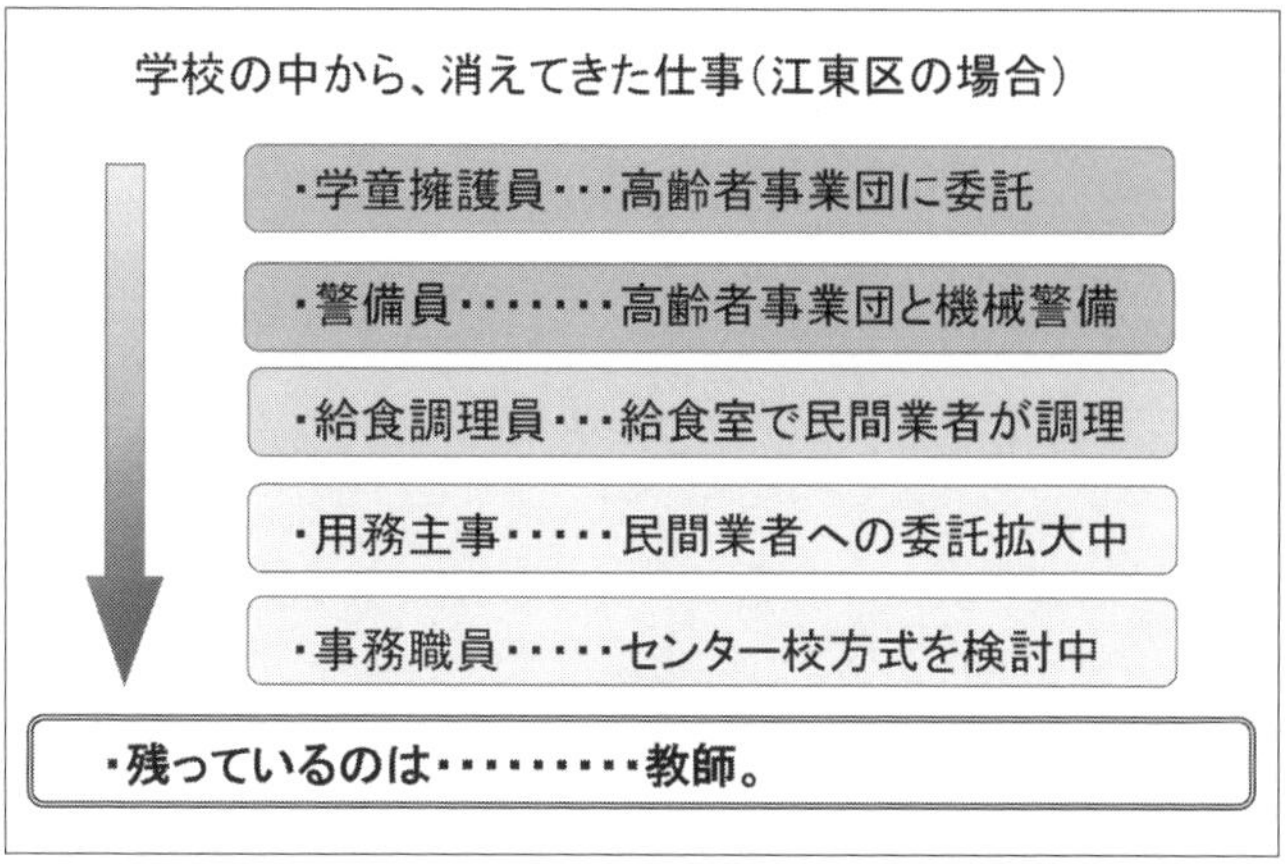
学校の中から、消えてきた仕事（江東区の場合）
・学童擁護員・・・高齢者事業団に委託
・警備員・・・・・・高齢者事業団と機械警備
・給食調理員・・・給食室で民間業者が調理
・用務主事・・・・・民間業者への委託拡大中
・事務職員・・・・・センター校方式を検討中
・残っているのは・・・・・・・・・教師。

ているだろうかと自問し、教師としての自分の価値を見つめ、これでいいのだろうかと振り返る姿勢とともに、いくつになっても、なりたい自分の姿を追求できる教師を一人でも多く育てたいのです。それは、教職員の誇りを喚起する問いかけでもあります。ですから、その教員に今何ができるかということだけでなく、あるべき教員の姿をめざして努力しようとする姿勢の有無こそが重要であり、そこに教師としての成長があるのだと思います。

教師としての誇りを持たない人間に、いくら服務事故防止の研修をしても無意味なことだと思いませんか。大切なことは、職員に教師としての誇りを育てることです。本質的な危機感を共有することもそのための大切な方策の一つです。

## 5　職員を決して叱らない・見捨てない

皆さんもそうかもしれませんが、私も職員の失敗はそっとフォローするように心がけています。叱ったって、それほど良いことなんてありませんからね。

大学を出て、教育に夢を持って職に就いた人たちです。失敗があったとしても、故意や悪意で行うことはあり得ません。子どもたちの安全や生命に関することでない限り、周りの方の協力をいただきながら、そっとフォローするようにしています。呼びつけて締め上げるなんて、最低な方法だと思います。どうせそのうちに必ず気づき、改善されます。もし、気づかないときでも、大人の生き方や考え方を変えることはそれほど簡単なわけでないのですから、少なくとも三年ぐらいは辛抱することにしています。ずっと辛抱し続けている相手だっているかも知れません。結婚生活にも似たような所がありますね。でも、結局はお互い様ということです。

学校の話に戻ります。職員を見ているうちに、必ずその人なりの良さや成長の方向性が見えてくるように思います。それを直接伝えるのも良いのですが、周囲の人に話すという方法がいいようです。周りの方も、自分たちでは気づかなかったその方の良さに気づき、共感してもらえるなんて、そのこと自体が楽しいことだと思います。職員の良さを見つけ、伸ばせるのが校長の楽しみかも知れません。

しかし、どうしても分からない「やつ」もいます。どの学校にもいるのが普通です。必ずいます。

そういうとき、私は、自分のことを振り返ります。自分の若かった頃、いかにいいかげんだったか、何もできないくせにどれほど生意気だったか、そして、誰にどんな迷惑をかけていたのかを思い出せば、恥ずかしさとともに「あいつは、三〇年前の私よりずうっとえらい」と気づかされます。そうしたら、叱るよりも、かえって褒める材料が見つかるかもしれません。これは、「今の目線で叱らない」ということでしょうか。校長である自分に「今だから見えるもの、できること」があって当然です。同様に大人である私たちが、これから成長する子どもに対しても先ほどと同じように、幼かった頃の至らなかった自分と比べたら、「ずいぶんしっかりしているなあ」と感じ、「問題だらけの家庭内にあって、この子ほど、けなげに頑張れるだろうか」と我が身で考えてみれば、叱るよりも励ましたくなるのではないでしょうか。そのような気持ちで子どもや職員に接すると、大らかになれると思います。そして、子どもの成長しようという姿に対して、本心から褒めることも可能になるのではないでしょうか。口先だけで褒めても、かえって逆効果なのです。本音で「素敵だ」と思える自分になりましょう。

校長先生が、皆さん大らかに子どもや職員を包み込めるようだったら、どれほど温かな学校になるでしょうね。今の時代、どんな職員でも自信を失ったり、追い詰められて病気に追い込まれたりしかねないのです。もしかすると、「授業がうまくない」ことくらい、大した問題ではないかもしれません。だって、産休・育休で休んだ先生の代わりが見つからない話など、いくらでも転がっているのですから。まず、その人がいてくれる、その存在そのものに感謝しましょう。その人の失敗ばかりに目を奪われる必要はありません。相対的に見ればその人がいるおかげで助かっていることの方が多いのですから。

中には自分の気に入らない職員を追い出そうとする校長先生もいらっしゃいます。しかし、代わりに来る人がそれ以下でないという保証はどこにもありません。大体、教育委員会も分かっていて、同じ程度の人が配置されるのではないでしょうか。私たちは、学級でも学校でも、そこにいる人たちでより良い職場や学級をつくっていかなくてはならないのです。世の中だって同じでしょ。気に入らない人を抹殺するわけにいきません。みんなで知恵を出し合って、より良く生きる工夫をしていくことが大切なのです。こんな風に思うようにすると、いつも感謝の気持ちで人に接したり、困っているようなときに相談に乗ったり助けてあげたりすることだって、苦になりませんよ。

ここで、退職間際の最近になって、授業改善に明るく取り組む、八名川小の元・頑固親父、鵜殿主幹教諭に話を聞いてみましょう。

――鵜殿先生、私と出会ってから八年になりますが、この頃、ずいぶん穏やかになりましたね。出会った当時は、子どもに対しても職員に対しても今よりも怒りっぽかったように感じていましたよ。

「実は、以前の学校でとてもつらく苦しい状況だったことがあり、新しい職場に対していつも不安で、防衛のために虚勢を張ったり、自分の心を閉ざしたりしていたのです。でも、この学校の温かい雰囲気の中で、しだいに安心し、子どもを見ても大人を見ても警戒する見方が消えてきて、斜に構えたりせずに、スッと受け止められるようになりました。素直な子ども、向上心のある子どもと接しているうちに、自然体になり、改めてこの仕事が楽しいと思えるようになりました。」

――そういえば、研究授業の前など、後輩を連れて多田先生の大学を訪ね、助言をいただいたりしていますね。どうしちゃったんですか。

「そういう姿を後輩に見せておくべきかと思うようになったのです。また、ＥＳＤで子どもたちが自分から楽しく学んでいる姿を見たり、教科の枠にとらわれずに学んだりしている姿を見て、自分自身も一緒に学んだり、楽しめるようになってきたから……、ですかね」

――その、変化へのきっかけは何ですか。

「最初に、校長先生が『皆さんの責任は私がとります』と言ってくださったことが、一番大きかったように思います。あれで安心できて、この学校で頑張ってみようと思いました。」

なるほど。一人一人の職員を人として信じて、自分らしく活躍できるように見守り、時に助け、助けられる関係をつくることが大事だったのですね。どの職員も教育に夢を持って教員になっていることを信じて、あきらめず、見捨てずに成長を見守るのが校長の役目だと鵜殿先生はおっしゃっているように思います。その校長の姿勢が各学級の経営に反映され、どの子も一人の人として大切にし、どんなときでも決して見捨てない、温かさと「しん」のある学校がつくられていくのだと思うのです。

## 6　良い指導者に恵まれる幸せと、良い指導者になる責任
### ――多田孝志先生との出会いと指導観の広がり

新米校長として前任校の東雲小学校に着任したのは二〇〇五（平成一七）年の春でした。

そして、校内研究の講演会講師、目白大学教授の多田孝志先生に出会ったのは六月のことです。多田先生が到着されたとき、私はズボンの裾をまくり、デッキブラシを持って六年生とプール掃除の最中でした。校長室からその様子をご覧になった多田先生は「こいつは少し見所がありそうだ。本気で応援してやろうか」と思い直したそうです。というのも、知り合いに頼まれたので、「仕方ないから一回だけ話しに行ってやろう」と思っていたそうでした。それ以来、一三年間、都合のつく限り全ての校内研究会に日本中の色々なところからかけつけてきてはご指導を続けてくださっているのです。

多田先生は酔っ払うと「手島はいいやつだから、俺の弟分みたいなもんだから、手島の学校経営を応援するつもりで来ているんだよ」、「一三年間、毎回毎回の研究課題や授業の中身に合わせて、資料を作っているんだよ。一度だって同じ資料で話さなかったでしょう」と自慢されます。

私たちは、お話の内容を全て理解できるわけではありませんが、多田先生はいつも大きな世界観から日本の子どもたちや教育のあり方を語ってくださいます。その言葉や理念のシャワーを浴び続けることで毎回、心が洗われ、新しい視点からチャレンジしてみようという気持ちがわき上がってくるのです。

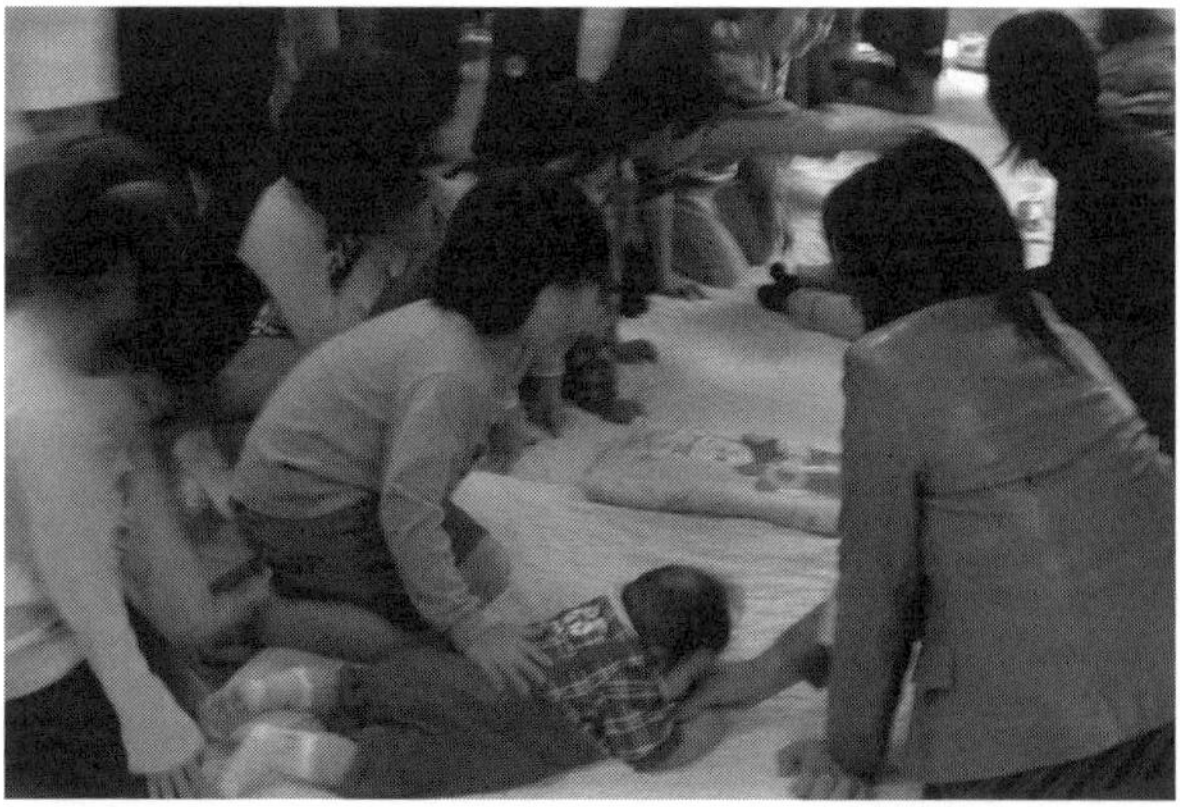

多田先生は目白大学の副学長を務めながら日本国際理解教育学会会長や日本学校教育学会会長を歴任され、現在でも共創型対話学習研究所所長として学会や研究会を指導されたり、政府関係機関の色々な会議にも参加されたりしている方ですから、世界や日本の教育課題にも造詣が深く、私どもも目の前の子どもの姿を世界的な視野から、あるいは時代的な視野から捉え、育てていくための授業のあり方を研究できるようになってきました。

東雲小学校の先生たちも八名川小学校の先生たちも、多田先生には特別の信頼を寄せています。研究授業の構想に行き詰まると、校長の知らないうちに大学の研究室を訪れ、講義を聴いたり授業構想へのアドバイスを受けたりしているようです。「命の授業をやるのなら、命を前にして勉強させたらどうなの」などと助言をいただき、二年生の教室に数組もの赤ちゃんとお母さんを招いて話を聞いたり、ふれ合ったりする授業が生まれました。命を産み、心を込めて育てている母親の強さ、たくましさ、優しさに心を打たれたのは子どもだけではありませんでした。「担任と、子どもの保護者」としての関係とは全く異なった「命を育む先輩」への畏敬の念が生まれ、新たな信頼関係が育まれたこともうれしい副産物でした。

さて、どこにでも多田先生のような優れた指導者がいるわけではありません。また、案外身近な所にいるかもしれません。出会いは恋愛でも同じでしょうが、相手だけに優れた資質を求めて得られるものではありません。相手と響き合えるような自分づくりが大切と思います。校長として質の高い教育を求め続けるよう、常に心を磨いていくよう、心がけましょう。（多田先生のお言葉を本書の最後に載せてあります。こちらも併せてご覧ください。）

## 7　伝わりにくいＥＳＤをどのようにして校内に根づかせるか

### ――体験的に学ぶＥＳＤ研修の開発

校長としてどのような教育を進めようとするのか、その経営方針を職員に向けて明確に示し、子どもたちの姿として実現することが校長の役目であります。そのために、きちんとした文や資料で示すことも大事です。しかし、ただ文章で示して読んでもらうだけでは、理解や納得を得られるとは限りません。むしろ、表面的な理解に流れ、本気になって欲しい部分が伝わらないようにも感じるのです。

私は、ＥＳＤという理念に基づき、持続可能な世界の実現をめざした教育を進めようと考えてきました。でも、それを言葉だけで伝えるのはとても難しいことでした。例えば、「子どもたちが生きていくのは、持続が不可能になりつつある地球環境という舞台であり、情報化の進展により、世界が秒速で激変するグローバルな時代である。学校教育で学ぶ知識も習うそばから陳腐化が進む現状や、自信の欠如・内向きな姿勢など日本の子どもたちの抱える様々な問題等を踏まえ、知識理解だけを中心とした従来の教育から、生き抜く力を育む教育への転換を図ろう。そのために……」と話しても、教育課程に書き込んでも、なかなか実感が伴わないのが現状なのです。書かないことには学校の方針になりませんが、書いただけでみんなが理解し、取り組んでくれるわけではありませんでした。文部科学省のまとめた冊子を使って、「ＥＳＤとは……」などと説明文を読ませても、一層分かりにくくなるだけです。それを読んで意欲がわくとも思えません。そこに全ての問題点があるように思うのです。

そこで私なりに、具体的な授業における指導の進め方を、先生方と一緒に実践してみせたりプレゼンで伝えたりしました。それでもなお、どこかで十分な共感を得にくいのが実情でした。ＥＳＤカレンダーを作り研究授業をやっても、職員にとっては、「本当にこれでいいのだろうか」と、やや不安な感じがぬぐえなかったのだと思います。校長はその意味が分かるから喜んでいるけれど、また、外から次々やってくる来校者が「素晴らしい」と言うから、素晴らしいことができているとは思うけれど、今までと違う自分たちの実践に、なかなか確信が持てなかったでしょう。職員の思いも戸惑いも理解せずに自己満足しているばかりで、本当にだめな校長だと思います。一般的に言えば、プレゼン資料まで作って教育理念を伝える熱心な校長かも知れません。しかし、改革者としては失格でした。本人が思いつく中では、地球温暖化が進む状況を視覚化したプレゼン資料を見せて、世界の深刻な状況を把握させるのを出発点にする方法が、当時としては最善のように思えていただけなのです。ですから、プレゼンで基礎的な事実を伝え、そのような世界における教育の課題を並べて問題を把握してもらえば、あとは校内研究会等の実践を通じて具体的な理解を図ればいいのだと思っていました。その結果から素晴らしい子どもが育てば、やがてＥＳＤの重要性が理解されるだろうとも思っていました。

しかしよく考えると、例えプレゼンをしたとしても、受け手が自分の問題として捉えない限り、これは単なる知識や校長の考え方の効果的な伝達でしかなく、所詮は教え込みではなかったのかと思い至りました。「教え込みは止めましょう」と教え込んでいたようなものでした。そのことに気づいた日から、何とか職員がのめり込むような伝え方はないかと模索を続けてきました。

研修方法を模索する中で、ようやく平成二七年度末になって、文部科学省のＥＳＤ指導者研修用に、ワークショップ型の研修スタイルを開発しました。問題解決的な授業づくりと同じ発想で構築した、対話やグループ作業を取り入れ、交流等を活かしたスタイルです。次のような流れで行います。

①激しく変化する社会の現実を、まず自分の身の回りから発見し、それを仲間と共有することで、多様な視点から捉え、そこから見えてくる、自分たちの世界が抱える具体的な課題に気づかせる。

――授業における問題の発見と共有の段階、個人↓グループでの対話↓共有↓プレゼンによる補足で明確化。

②激変する社会で生きていく子どもたちにどのような教育をしたらよいか、自分が校長や文部科学大臣等になったという想定で提案を考える。

――授業における学びに火をつける段階、まとめる段階、発表し伝え合う段階、個人での思考→グループ作業→ワールドカフェ方式での交流・共有を通じて、教育改革への自分たちなりの仮説を明確にする。

③学習指導要領とＥＳＤの関係について自分たちのつくった仮説をもとに学習指導要領を読み込む。

――授業における調べる段階、①②で得られた視点（仮説）を持って学習指導要領を読み込む。

④学習指導要領で示しているＥＳＤを踏まえた教育改革案の全体イメージをつかみ、カリキュラム・マネジメントと主体的・対話的な指導方法の重要性を理解する。

――授業におけるまとめの段階、講話やプレゼンから学ぶ。

⑤ＥＳＤを核にした授業づくり・学校づくりの具体策を学ぶ。

――授業における実践・行動化の段階、モデル授業への参加体験と具体案の作成を通じた理解。

中でも、ＥＳＤへの必要感を高めることに最大限の工夫をしました。皆さんも研修会に参加した気持ちで読み進めてみましょう。

皆さんこんにちは。手島校長のＥＳＤ公開講座です。

## ①問題の発見と共有の段階

「まずは皆さんの頭を柔らかくしましょう。トレーニング問題です。いくつ答えられるかな。では、問題です。♪チャラン♪　この世界は色々と変わってきていますね。最近の三〇年間で大きく変わったことには、どのようなことがありますか。まず、三分間で一人一〇個以上考え、メモ書きしましょう」という問いかけから始めます。各自で考えていただき、その後三~四人のグループで話し合わせ、その結果を発表してもらいながら全体で共有します。スマートフォンなど情報機器の発達が顕著で、世界の知識が一瞬でてのひらに集まるようになったことや、その結果、世界が激変するようになったことが楽しく確認できます。この「楽しく」というところが一番重要です。

中には「私が生まれたことが世界の重大事件です。」などと話す先生もいますが、「素晴らしい出来事です。私も賛成ですが、今はまだ、私たちだけにとっての重大な出来事ですね。世界への影響としては未知数です。」などと、いなしながら話が進みます。読売巨人軍の弱体化を嘆く声も聞こえます。交通の発達や東日本大震災などの災害、原発事故、地球の温暖化、国際的なテロの横行にもふれます。世界

> あいさつの次は、話し合いです。
>
> 皆さんは、示されたテーマについて、
> 自分の考えを1つずつ順に話していきましょう。
>
> テーマは
> 「**この30年間で大きく変化したことは何か**」
> です。
>
> ・ご自分のことでも、社会のことでもいいですよ。
> ・準備に3分。1人10個くらい考えてください。

> まとめると、どのようなことが言えるでしょう
>
> 良くも悪くも
>
> 1, 世界は大きく変化している。
>
> 2, この世界を後戻りさせることは, できない。
>
> 3, そして、まだまだ変化は続きそうだ。
>
> 4, 変化は、加速度的に進みそうだ。

の動きが、一瞬で株価や為替に跳ね返ります。ＡＩの発達で、今後失われていくと言われている仕事の話題に触れてもいいでしょう。世界を悪化させる原因になりそうな変化に注目しながら話をまとめます。

## ②学びに火をつける段階、発表し伝え合う段階

そのようにして世界の激しい変化や厳しい現状が共通に理解され、「では、そのような世界を生きていく子どもたちには、どのような資質や能力が必要でしょうか」と、更に問いかけます。そして、「そのような資質や能力は、今までの教育で育てることができるでしょうか」、「教育をどのように変える必要がありますか。あなたは中央教育審議会の委員（校長先生・文部科学大臣などでもいい）になったつもりで改革への提言を何枚かの小カードに書いてください。その後、グループで、そのカードを模造紙半分に構成してみましょう。五分以内でお願いします」と話を進めていき、数名のグループごとに「○○□学校・教育課程審議会」の分科会としての提言を発表できるように代表者を決めてもらいます。グループ内で少しだけ発表練習をしてもらいます。

いよいよ、ワールドカフェ方式にして回していきます。各グループとも、一名の発表者以外は他のグループの発表を順に聞いてくることにします。もともと、各グループの発表はバラエティに富み、価値あるものですから、発表が終わると拍手が出たりします。何回も発表を繰り返すうちに、発表者は自分たちの考えが一層明確になり、説明も磨かれて一層聞き応えのあるものになります。戻ってきたメンバーが驚くほど上達していること請け合いです。他のグループの話を聞いてきた人も、多様な視点から教育改革案を持ち帰っ

りなたことになります。時間に余裕があれば、自分たちの改革案への加筆・修正をするのも価値ある学びとなります。

### ③調べる段階

各グループで示された改革へのキーワードを確認した後で、「今回の学習指導要領の改訂には皆さんの出されていたご意見は反映されているでしょうか」と問いかけます。そして、皆が今出し合ったキーワードが仮説、あるいは視点として本文に出てきたら、マーカーで色付けしたり、○印を付けたりしながら、学習指導要領の前文や総則を読んでもらいます。するとそこにも、自分たちの考えた改革案と同じような内容が理路整然とまとめられていることを発見するのです。自分たちなりの視点を持って読むことで、「発見」ができるのです。

このときに作られた視点は、自分たちなりに考えた「持続可能な社会の創り手を育てる教育の進め方・学校のあり方」です。そして、今回の学習指導要領も同じESDの観点から考えられ、まとめられていますから、共感しながら読むことができるのです。そして、自分たちがどうしても必要と感じた教育の方向性が示されている学習指導要領ならば、どんなことをしても取り組みたくなるのが教師の本質です。本校の先生方や、私から同様の講演を受けた多くの先生方は、ESDや学習指導要領の本質に向かって、自分なりの工夫をしながら、夢中で授業改善に取り組むようになっています。

## ④まとめる段階／⑤実践・行動化の段階

④や⑤は、ＥＳＤの授業づくりに価値を感じた人が聞きたくなる理論編と実践のノウハウです。自分の授業で取り組んでみようかと思った人は、この④⑤の段階に対して、真剣に聴きます。やはり、教え込んだ知識では人は動かず、獲得した知識がその人を内面から突き動かすようですね。教員研修のあり方を考えさせられます。詳しい内容は、この後の話の中で具体的にお伝えしていきましょう。

フルブライト奨学金（日米教育委員会・日米両政府の拠出による教育交流事業）の研修会でも、二〇一六年六月から同様の研修スタイルが取り入れられています。下の写真は、フルブライト日米教育委員会で二〇一七年六月に新宿で行った研修会の様子です。激変する社会で求められる教育について意見を構成し、他班メンバーに説明している様子で、日米の教員が一緒に研修しています。

その時の参加者バーバラ女史は、私のＥＳＤ推進方法に共感し、「八月にオバマ大統領とホワイトハウスで会うから、その際にアメリカでも進められるように共有させてください」と話していました。しかし、その後に政権が変わってしまいました。まだアメリカ合衆国政府としての意識改革が実現できていないとしたら、アメリカと世界にとって残念なことです。

# 8　通知表所見の書き方　その1
## ――子どもの成長を多様に見取る視点や表現力を「語尾」から育てる

子どもたちの主体的・対話的な学習を進めるには、教員側にも児童・生徒を理解する多様な視点が必要です。しかし、通知表所見などを見ると、教員の中には「子どもの成長を多様に見取る視点や表現力」で大きな差があることが分かります。

画一的な視点しか持たない教員では、ＥＳＤの教育が絵に描いた餅になってしまいます。なんとかして子どもたちの成長を多様に見取る力を身につけてほしいと思いました。

そこで、所見の語尾に注目して分類し、次のような資料を作りました。これを渡しておくと、職員の「所見」がワンランク・アップすること、間違いありません。

★あなたの所見にはどのような語尾がどのくらい使われていますか★
――語尾の使い方で多様な伝え方や教育観が広がります――

1　児童の成長への見取り（教師が把握した事実を伝える）

……（姿が）見られました　　……ができました

……が育っています　　……（努力を・取り組みを）していました

……に取り組んでいます　　……○○名人です
……（を考え）行動しています　　……（して）くれました
……（として）活躍しました　　……が上達しました
……（積極的に）行いました　　……（優しさ・頼もしさ）があります

**2　その事実を教師としてどう感じるか（教師の所見部分）**

……（成長を）感じます　　……が目立って（際立って）いました
……（と工夫・努力していることが）がよく分かります
……（のように）見えます　　……が自信につながっています
……が友達のよい手本です　　……（様子が）うかがわれました
……が印象的です　　……が素晴らしいです
……して輝いていました　　……が微笑ましいです

**3　それを教師としてどう支援しているのか・いくのか（教師の教育活動・抱負）**

……（に気をつけて）見てきました・見ていきます
……（に）見守っていきます
……（に）声をかけてきました・いきます
……（努力を）支援してきました・いきます
……（よう）応援して・励まして・方向づけて・褒めてきました・いきます
……（よう）評価して・助言して・指導してきました・いきます

**★所見を読むと、教師が子どもの成長をどのように把握し、それをどう感じ、どのように支援しようとしているのかが見えてきます。**

# 9　通知表所見の書き方　その2

## ――ESDの視点を反映させた通知表所見の書き方

ESDの理念を踏まえた新学習指導要領が示され、学校教育のあり方そのものが大きく改革されようとしています。では学校教育の現場においては、ESDを踏まえた評価についてどのように考えたら良いのでしょうか。

次のような視点から見直してみてはいかがでしょうか。身近な通知表への所見記入例をもとに書き方の例を示してみました。「1」～「4」は、いずれもESDを進める上で、教員として欠かせない視点です。

**★ESDの視点を反映させた通知表所見の書き方★**

ESDの理念を踏まえた学習指導要領が告示されました。

では学校教育の現場において、具体的には何をどのような視点に立って変えていけばよいのでしょうか。ESDカレンダーをもとにした教科横断的なカリキュラム・マネジメントや、学びに火をつけるアクティブ・ラーニングへの研究・実践だけでなく、身近な通知表への所見記入例をもとに、ESDを踏まえた評価について次のような視点から見直してみてはいかがでしょうか。

## 1 児童・生徒の理解と具体的な活動の記録

○○では、捕まえたヤゴをじっくりと観察し、雄と雌との体の違いに気づきました。また、学校の周りにはどのような種類のトンボがいるのかに関心を持って調べました。

子どもの興味や気づきを教師が的確に把握し、記録しています。その所見を読むと、誰の所見か名前や顔がすぐに浮かぶような記述を心がけます。

## 2 学んだことを生活に活かそうとする姿勢を捉える

ごみを減らすためには５Ｒに取り組むことが大切なのに、家ではRepairができていないことや、給食を残しがちな自分のことなど、学習したことを生活に結びつけて考えようとする姿が素晴らしかったです。

学びを自らの生活に戻して考えたり取り組んだりする姿を捉えることが、「学んだことで何ができるようになるか」という視点を踏まえた評価になります。

## 3 単元を通じた問題意識とその持続……学びに火がついた様子を捉える

「私たちの暮らしと水」では、もとの川の水と水道水を比べたときに、○○など数多くの疑問を出しました。学習を進める中でそれらの謎が明らかになり、なるほどと思いながら学びを進めているようでした。

単元の導入で取り組んだ「学びに火をつける工夫」が生きています。単元を通した問題意識を持って学びが進められ、子どもにとって学ぶ価値のある学習になりました。「どのように学ぶのか」、「アクティブ・ラーニング」の視点を踏まえた評価になります。

### 4 教科横断的な視点から児童の学びを見取る

「私たちの暮らしと水」のまとめ新聞では、水の旅や使われ方を、図や円グラフを用いて読み手に分かりやすくまとめることができました。

学んだスキルを活用して分かりやすく伝える子どもの姿に、教科横断的な指導の成果がさりげなく表れています。このような作品等に表れている子どもの「活用能力」の例を学級全体に「優れた取り組みの例」として紹介していくと、高度な学びが広がります。この短い一文に職員の指導力の高さが表れています。

「教科間の往還」、「カリキュラム・マネジメント」の視点を踏まえた評価になります。

先生がたには、「パソコンを使った成績処理が進む教育の現場にあって、同じようなパターン化した所見をコピー・アンド・ペーストしていてはいけませんよ」と伝えます。「より良い世界の実現に向けて行動の変容」を図ろうとしているか、子どもが問題意識を持ちながら、最後まで単元を通じた学習をできているか、教科領域を超えた学びは子どもの頭の中ではつながっているか、といった視点から子どもの成長を捉えましょう。全ての先生方が、このような所見を書けるようにならないと、日本の教育は終わりますよ。

## 10　教育課程説明会における評価の観点と留意点

今回の学習指導要領の改訂においては、評価の三つの観点として、「知識・技能」、「思考・判断・表現」、「主体的に学習に取り組む態度」を示し、これを全ての教科・領域における指導要録の様式の改善にまで徹底する方針です。また、「評価に当たっての留意点等」において、「学習評価の工夫改善に関する参考資料についても、詳細な基準ではなく、資質・能力を基に再整理された学習指導要領を手掛かりに、教員が評価規準を作成し見取っていくために必要な手順を示すものとなることが望ましい。そうした参考資料の中で、各教科等における学びの過程と評価の場面との関係性も明確にできるよう工夫することや、複数の観点を一体的に見取ることも考えられることなどが示されることが求められる」と示し、教員自身が評価規準を作成することや、各教科等における学びの各過程における評価のあり方も明確にするよう求めています。

ですから、授業そのものを改善し、子どもが主体的に学習に取り組むような学習の進め方を本気で考えなくてはならなくなります。第六章「８／９　通知表所見の書き方　その１／２」にてお示しした見方を参考にしながら、子どもの成長を見取っていただけたら幸いと考えております。

また、学習過程ごとのねらいとその場面における評価とを一体的に考える点においても、本校の研究が大いに役立つものと考えます。「（主体的に学習に取り組む態度に関する）評価規準」は本校では単に「評価規準」として、日々の学習活動において活用されてきたものです。「（主体的に学習に取り組む態度に

## 評価の三つの観点

「幼稚園、小学校、中学校、高等学校及び特別支援学校の学習指導要領等の改善及び必要な方策等について(答申)」(平成28年12月21日中央教育審議会)<抄>

○　今回の改訂においては、全ての教科等において、教育目標や内容を、資質・能力の三つの柱に基づき再整理することとしている。これは、資質・能力の育成を目指して「目標に準拠した評価」を実質化するための取組でもある。

○　今後、小・中学校を中心に定着してきたこれまでの学習評価の成果を踏まえつつ、目標に準拠した評価を更に進めていくため、こうした教育目標や内容の再整理を踏まえて、観点別評価については、目標に準拠した評価の実質化や、教科・校種を超えた共通理解に基づく組織的な取組を促す観点から、小・中・高等学校の各教科を通じて 、「知識 ・技能」「思考・判断・表現」「主体的に学習に取り組む態度」の３観点に整理することとし、指導要録の様式を改善することが必要である。

○　その際、「学びに向かう力・人間性等」に示された資質・能力には、感性や思いやりなど幅広いものが含まれるが、これらは観点別学習状況の評価になじむものではないことから、評価の観点としては学校教育法に示された「主体的に学習に取り組む態度」として設定し、感性や思いやり等については観点別学習状況の評価の対象外とすべきである。

○　すなわち、「主体的に学習に取り組む態度」と、資質・能力の柱である「学びに向かう力・人間性」の関係については、「学びに向かう力・人間性」には①「主体的に学習に取り組む態度」として観点別評価（学習状況を分析的に捉える）を通じて見取ることができる部分と、②観点別評価や評定にはなじまず、こうした評価では示しきれないことから個人内評価（個人のよい点や可能性、進歩の状況について評価する）を通じて見取る部分があることに留意する必要がある。

○　これらの観点については、毎回の授業で全てを見取るのではなく、単元や題材を通じたまとまりの中で、学習・指導内容と評価の場面を適切に組み立てていくことが重要である。

○　なお、観点別学習状況の評価には十分示しきれない、児童生徒一人一人のよい点や可能性、進歩の状況等については、日々の教育活動や総合所見等を通じて積極的に子供に伝えることが重要である。

70

## 評価に当たっての留意点

「幼稚園、小学校、中学校、高等学校及び特別支援学校の学習指導要領等の改善及び必要な方策等について(答申)」(平成28年12月21日中央教育審議会)<抄>

○　「目標に準拠した評価」の趣旨からは、評価の観点については、学習指導要領における各教科等の指導内容が資質・能力を基に構造的に整理されることにより明確化される。今般、中央教育審議会においては、第３章２．（４）において述べたように、学習評価について学習指導要領の改訂を終えた後に検討するのではなく、本答申において、学習指導要領等の在り方と一体として考え方をまとめることとした。指導要録の改善・充実や多様な評価の充実・普及など、今後の専門的な検討については、本答申の考え方を前提として、それを実現するためのものとして行われることが求められる。

○　学習指導要領改訂を受けて作成される、学習評価の工夫改善に関する参考資料についても、詳細な基準ではなく、資質・能力を基に再整理された学習指導要領を手掛かりに、教員が評価規準を作成し見取っていくために必要な手順を示すものとなることが望ましい。そうした参考資料の中で、各教科等における学びの過程と評価の場面との関係性も明確にできるよう工夫することや、複数の観点を一体的に見取ることも考えられることなどが示されることが求められる。

○　評価の観点のうち「主体的に学習に取り組む態度」については、学習前の診断的評価のみで判断したり、挙手の回数やノートの取り方などの形式的な活動で評価したりするものではない。子供たちが自ら学習の目標を持ち、進め方を見直しながら学習を進め、その過程を評価して新たな学習につなげるといった、学習に関する自己調整を行いながら、粘り強く知識・技能を獲得したり思考・判断・表現しようとしたりしているかどうかという、意思的な側面を捉えて評価することが求められる。

○　こうした姿を見取るためには、子供たちが主体的に学習に取り組む場面を設定していく必要があり、「アクティブ・ラーニング」の視点からの学習・指導方法の改善が欠かせない。また、学校全体で評価の改善に組織的に取り組む体制づくりも必要となる。

71

（主体的に学びに取り組む態度に関する）評価規準

| 学習過程 | 問題解決で育てたい力 | ESDで育てたい力 | | |
|---|---|---|---|---|
| | | １・２年 | ３・４年 | ５・６年 |
| 学びに火を付ける | 問題を見出す力 | ① 自分のやりたいことを決める。 | ① 学んだことから、自分の興味・関心をもとに問題を見出し、その理由が言える。 | ① 学んだことをもとに、誰もが大切だと感じる問題を見出し、それを整理することができる。 |
| 調べる | 計画を立てる力（予想・見通し） | ① 自分が立てためあてをもとに活動をする。 | ① 解決への見通しをもち、活動する。 | ① 解決への見通しをもって活動し、必要な場合は、計画を修正する。 |
| | 問題を追究する力（解決・追究） | ② 活動に必要なものを考えることができる。 | ② いろいろな方法で集めた情報をもとに、より良い方法で解決する。 | ② いくつかの資料を吟味し、読み取った内容から自分の考えをもち、解決する。 |
| まとめる | 分かりやすく表現する力 | ① 活動したことをみんなに分かるように発表する。 | ① 調べたり、活動したりして考えたことを工夫して発表する。 | ① 自分の意見が相手に伝わるように、効果的な方法で発表する。 |
| | 振り返る力 | ① 自分の工夫したことや頑張ったことが分かる。<br>② 友達の良い所に気付く。 | ① 自分や友だちの学習活動を振り返り、成長したことに気付く。 | ① 自分や友だちの学習活動を自分なりの視点をもって振り返り、改善点を考える。 |
| 伝え合う | 実生活に活かす力 | ① 友だちや先生と立てた計画をもとに自分の役割を責任を持って行う。<br>② 学んだことをもとに、自分の生活を振り返り、何ができるかみんなで考えることができる。 | ① 友だちと話し合い立てためあてに向かって、自分の役割を考え、計画的に実行する。<br>② 学んだことをもとに、自分の生活を振り返り、何ができるか自分で考えることができる。 | ① 友だちと話し合い立てためあてに向かって、グループの役割を考え、メンバーと協力し、計画的に実行する。<br>② 学んだことをもとに、自分の生活を振り返り、より良い生き方を考える。 |
| 協同的に取り組む態度 | 人と関わる力 | ①友だちや地域の人々の話を聞き、感想をもつことができる。 | ①友だちや地域の人々の意見の良さに気付き、自分の考えと比べることができる。 | ①立場の違う人の考えを取り入れ、自分の考えをより良いものに練り直すことができる。 |

## どのような目標観で指導を進めるのか

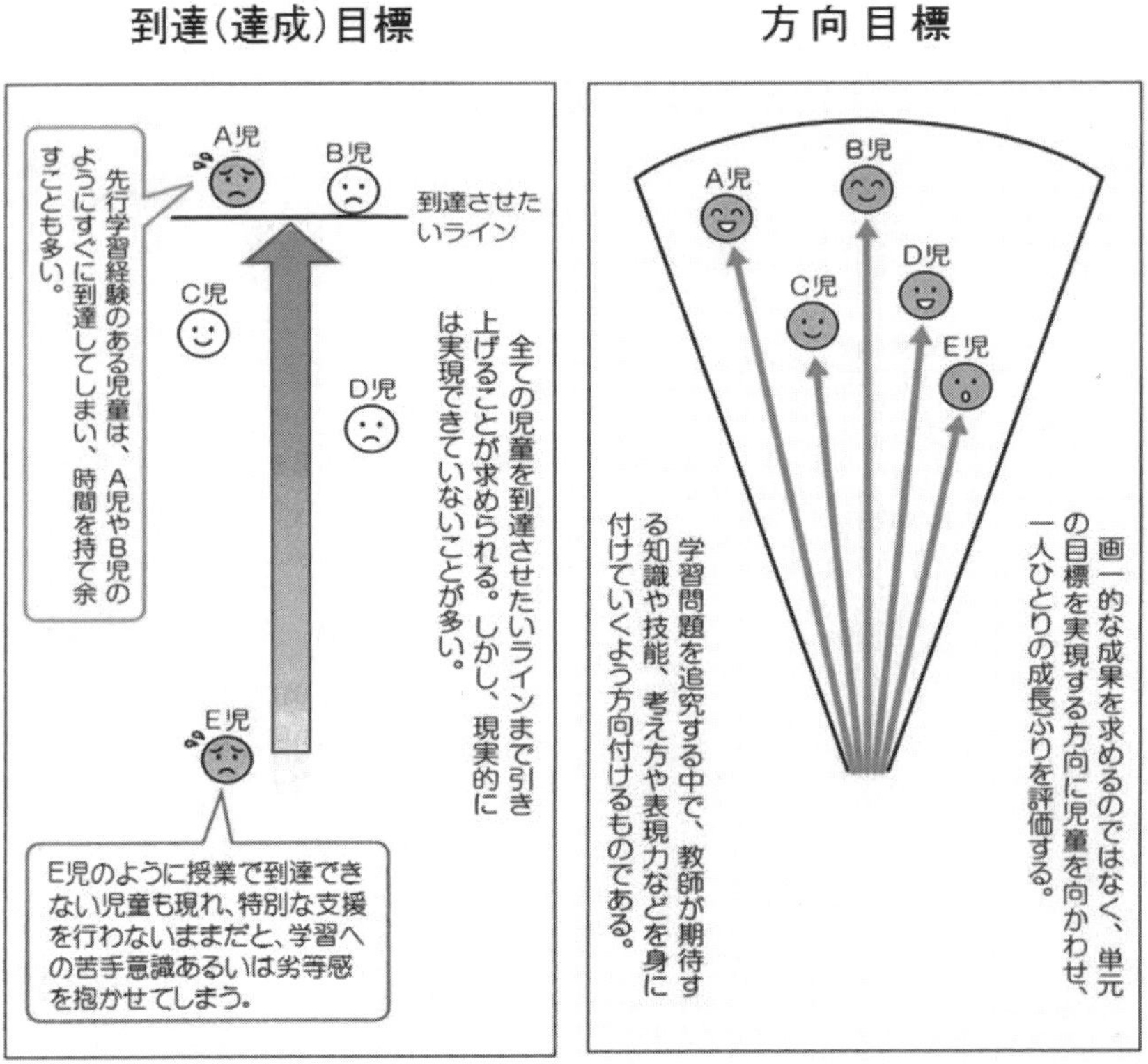


関する）」の部分は、文部科学省から示された「学習指導要領の考え方」関係資料七一ページに合わせて明確化するために追加したものです。

「評価に当たっての留意点等」で「評価の観点のうち『主体的に学習に取り組む態度』については、学習前の診断的評価のみで判断したり、挙手の回数やノートの取り方などの形式的な活動で評価したりするものではない。」と形式的な評価を強く戒めています。

この点は私も賛成です。上の図をご覧ください。従来の学習評価においては到達（達成）目標による評価がとられがちでしたが、誰もが承知しているように、全ての子どもを到達ラインまで引き上げることはできません。また、仮にやろうとしても、相当な時間や個別指導の手立てが必要になりました。一方、先行学習経験のある子どもにとっては、すぐにできてしまって時間を持て余したり、その結果、学校での学習そのものを程度の低いものと感じたり、学びに対して真剣に取り組もうとしなくなったりしがちでした。ここにも学校教育の陥りがちな危機がありました。

本校では、年度当初の校長講話の中でこの資料を示し、「私たちは、いつも到達目標型の画一的な指導ばかりをするのでなく、単元の目標を実現する方向に向かって、子どもたちの学びを大きく方向づけるよう心がけましょう。そして、一人一人の思いに寄り添いながら、成長を支援していきましょう。その子なりにどのような思考をしたり、何をきっかけにどのような判断をし、それをどのように取り組み、表現しようとしているのか気をつけて見守ったり、必要に応じてそっと支援するようにしましょう」と呼びかけてきました。

この資料も、故・古川清行先生が話されていたことを「無門会」の出版物『新　授業展開＆ワークシート集　小学校社会（二〇一二年　光文書院）』でまとめていただいたものです。古川先生の教えを胸に、私は子どもに対しても教員に対しても同じように、その人なりの成長ぶりを見守り、時に励まし、時に何かのチャンスを与え、成長を待ち、方向目標的な評価も忘れないようにしてきました。時間がかかるかも知れませんが、八名川小学校に明るく、前向きな、そして本質的な教育のできる先生が次々に育つ秘訣があるように思うのです。子どもでも、大人でも、この点の大切さは変わらないように思います。

Column

# こんな校長先生に出会えて幸せです

江東区立八名川小学校主幹教諭　吉岡佐登美

手島校長先生が着任されて最初の挨拶の中で、「皆さんの責任は私がとります。」と言われて、びっくりしました。「職員全員で、八名川の教育をつくっていきましょう。八名川の子どもたちの教育のために必要だと思ったことは、どんどんやってください。皆さんの責任は私がとります。」と話されたのです。

その時、私たち職員は、この校長先生とともに良い教育を進めていこうという気持ちになりました。最終責任者として矢面に立ち、収めたり謝ったりもしてくださることで、私たちが個々に責任を追及されないという安心感が生じました。ユネスコスクールへの取り組みをするかどうかはその時点では分かりませんでした。そういうことより以前に、校長先生が全校の状態を把握し、気になる段階で声をかけてくれるという対応に、私たちは安心して子どもたちの指導をすることができました。

「ESD・持続可能な社会を築く児童の育成」という手島校長の教育観は、最初、私たちにはよく分からないものでした。しかし、子どもたちがやる気になって学び、自信を持って発表する姿、友達の話に集中する姿、子どもたちがどんどんたくましく変容していく姿こそが、みんなを納得させる重要なポイントだったと思います。その上、学力まで飛躍的に伸びていたとは驚きでした。

また、手島先生が教職員の考えや意見を尊重するので、みんながアイデアを出し合い、よりよい方法で、よりよい方向に進む、温かな学校で働く喜びを日々実感できました。私たちも自然に、児童や保護者の言葉にも耳を傾け、みんなで力を合わせて学校づくりを進めることができました。

その結果、栄養士さん、事務さん、講師の方々、学習支援員の皆さん、用務主事さんたちまで、自然に手島校長の学校経営を理解し、意図を先取りして動いてくれる、現在の八名川小学校の姿になったのだと思います。また、保護者や地域を巻き込んで、まさにホールスクールアプローチとして、学校が発展しているのだとも思います。

私たちが、この八年間一番力を入れて研究してきたことは、「学びに火をつける」ことでした。いったん火がついた子どもたちは、自ら燃え上がり、学びが深まっていくことが実感できました。しかし、同じパターンの繰り返しでは、そう簡単に子どもたちは燃え上がりません。私たち教師は、学級や個々の児童の特徴を考えて、いかにして燃え上がらせるかの努力をしなければならないと感じています。また「学びが楽しい」と子どもたちに感じさせることが、私たち指導者の醍醐味といえるでしょう。

研究というと、とかく研究発表がゴールになりがちですが、そういうときの私たちには「やらされている感」

が強く、研究そのものがつらいものになってしまいがちです。しかし、手島校長は「日本と世界の教育を変える」と、本気で考えているのです。だから、形ばかりの研究発表会を開こうとしないのです。スケールの大きな話です。しかし、管理職こそ大きな視野に立つことが必要であり、管理職こそ、世界を変えるというような夢みたいな気持ちを持って取り組んでほしいものです。

この八年間を振り返ってみますと、うちの学校はみんな仲が良いなあと思います。職員室に笑いが絶えません。校長室にはいつも誰かがいて、自由に話をする雰囲気があります。しかも「校長先生、その考えはおかしいですよ、こうした方がいいのでは……」という意見を自由に言える雰囲気もあるのです。職員室でも、校長室でも、実際に私たちは、自由に自分の意見を伝え合っています。

また、校長先生は「手島マジック」といえる魔法の力を持っていて、私たち教職員の良さに気づき、褒めてくれることで、私たちの自信を育ててくれるのです。大人も褒められたらうれしいものですね。教師が変わり、授業が変わり、子どもたちが変わり、保護者が変わって、学校全体が風通しの良い場所になったことで、ますます良い学校になったのだと思います。

どこの学校にもこんな校長先生がいてくれたら素敵だろうなと思っています。

2017(平成29)年3月24日　卒業式後，杏の花咲く校庭にて

# 八名川小学校の教育実践に同行して

金沢学院大学教授　多田孝志

本著のテーマである、持続可能な開発のための教育（ＥＳＤ）は、地球生命系、地球社会の持続可能性を実現することを使命とし、その未来を希望あるものにするための教育である。この教育は希望ある未来の実現を希求すると共に、現代の社会や文化の持続可能性を問う教育であり、持続可能な未来を構築できる人間を育成する教育でもある。その意味で、ＥＳＤは、教育の一領域であるだけでなく、現代の社会と文化と教育を根源から問い直す教育といえる。

こうした、教育の大転換期に、新たな教育としての「ＥＳＤ」の実践研究に果敢に取り組んできたのが、手島利夫校長先生をリーダーとする東京都江東区立八名川小学校の教職員の方々であった。

筆者は、八名川小学校の教育実践に同行者として関わる幸運を得てきた。その立場からみたとき、同校のこれまでの教育実践には顕著な成果として次の事項がある。

その第一は、教員の成長である。同校の授業研究会に参加した外部の人々は、全教員が発言し、しかも論議が次々と深まっていくことに驚かされるであろう。継続して参加してきた筆者にとっての驚きは、同校に赴任した先生方が、いつの間にか、質の高い研究授業を公開し、また授業検討会では鋭い指摘をするようになっていく姿だ。エースが次々と誕生していくのである。

第二は、保護者や地域の人々との協同体制の確立である。「地域を素材にした体験活動」は、同校が重視する学習である。子どもたちが地域を探訪する。その過程で地域の歴史や、地域の人々の営みを知り、自分たちの住む地域に誇りをもつ、やがて地域文化の担い手としての意識を芽生えさせていく。この学習過程で児童が出会った人々は、学校の応援団になっていった。創立百周年の記念行事には筆者も参加したが、保護者や地域の人々との絆の強さが印象的であった。PTA活動や地域活動支援本部事業での文部科学大臣賞の連続受賞は、学校と地域との連帯の強さの証となっている。

第三は、子どもの成長を希求し、教職員が一体となり、進めてきた、実践研究の高まりである。「価値ある学びを創造する」ため、「学びに火をつける」を合い言葉に教師のコーデネート力、学習の企画・実践力をフルに発揮させたことにより、毎回の実践研究が創造性と発展性のある質の高まりをもたらしていった。ことに注目すべきは学校文化の継承である。前年度の実践研究が受け継がれ、その基盤の上に、新たな実践が創られていく。

こうした、「夢の学校」とも呼称すべき同校の研究実践を具現化したのは、『学び合い・高め合う民主的な風土作り』にある。同校を訪問し、教職員と時間を過ごした人々は、融和的かつ明るい雰囲気に包まれるであろう。また教職員の手島校長への信頼の厚さに、理想の校長像を見いだすであろう。

筆者は前任校、江東区立東雲小学校以来一三年間、手島校長の学校経営・実践研究に参加させていただいてきた。長年の交流の中で感得できた手島校長の印象的な生き方を列挙すると以下があげられよう。

その第一は、進取の気風である。「ESD」の必要性に着目し、その実践研究の深化のために、校長先生自身が研究会や学会に参加し、また教職員を派遣する。この広い視野と発展性が同校の教育実践を全国最高水準に高めた。

第二は、コーディネート力である。毎年一～二月頃、「ＥＳＤ」の全国実践研究会が同校で開かれる。東京の下町の小学校で毎年全国大会を開き、北海道から九州までの参加者が集まってくるのである。また、地域を大切にし、「八名川まつり」など地域の人々との交流機会を企画・運営してきたことも同校の実践研究の豊穣な土壌作りとなった。

第三は、責任感と胆力である。担任の手に負えない問題行動児を校長室で継続指導したことなど、さまざまな問題発生の折の適切な行動、「責任は校長がとる」と明言し、事実対応する言動、そこに手島校長のリーダーシップの本質を見る思いがする。手島利夫先生が教職員から真に信頼されるのは当然のことといえよう。東日本大震災の折、東京ディズニーランドから、徒歩で児童を引率して深夜に至り、ようよう学校に到着した手島校長を教職員が総出で待っていたとのエピソードは、「教職員の助けで自分が学校経営できている」と常々語る手島校長の人柄によるものであろう。

本著には、手島利夫校長と教職員が協同し創り上げてきた、形式的・皮相的でない、事実として子どもたちを成長させた「ＥＳＤ」実践研究の具体的事例が記されている。いま、学校教育は二〇世紀型教育から二一世紀型教育への転換が緊要の課題とされる。本著は、教育の未来を考える多くの人々に読んでほしい待望の書である。

最後に、実践研究者としての筆者が得た確信を記しておく。省察的実践を提唱するドナルド・Ａ・

ショーンは「有能な実践者は、自分が言葉に出して語る以上のものを知っている」、彼らは「実践の中の知の生成（knowing-in-practice）を行っており、その行動の多くは暗黙のうちになされている。ただし、実際に行動を記したプロトコル（会話記録）を基にすれば、知の生成モデルを造り、吟味することは可能である」と記している。東雲小学校、八名川小学校の実践研究への一三年間の参加は、ショーンの言説を実感・納得させ、筆者の目指す「実践から生起する理論構築」の方向への勇気を与えてくれた。

筆者の実践研究への参加は、観察・分析者ではなく、共創者であった。毎回の研究授業の事前には授業者の先生方と長時間協議させていただいてきた。また事後の反省会では、率直な語り合いができた。いま、振り返れば、外来者でもある筆者が、教職員との親和的な交流ができたのは、手島利夫校長の配慮によるものと気づかされる。筆者もまた八名川小学校の教育実践研究に参加し、成長させていただいたのである。記して謝意を表したい。

すでに全国屈指の実践研究をなした八名川小学校ではあるが、「授業は見果てぬ夢」であり、次々と深く思考し、探究していくべき知的世界である。探究を継続させていく基盤は教育実践者としての誇りと広義な教養の修得である。「見果てぬ夢としての教育実践」について、手島さん、先生方、ぜひまた語り合いましょう。

初秋　北陸へ旅立つ前に　　　友人　多田孝志

# おわりに

## 1　全国の先生方、校長先生方へ

今時はどこの学校の経営でもご苦労の多いことと思います。楽な学校経営・学級経営なんてありませんね。八名川小学校だってはじめから夢の学校ではありませんでした。いじめも学級崩壊もおきます。子どもたちと心通わずに悩み苦しむ先生もいます。しかし、夢を追い求める気持ちと、ESDという確固たる方向性、そして楽天的で粘り強い努力があれば、どの学校も夢の学校に変わっていくはずです。同じご苦労をされるなら、問題の後始末にばかり追われるのでなく、夢の学校づくりに取り組んでみませんか。本書で示したESDの教育論が、皆さんの学校を変え、教師人生を変え、子どもたちの未来を変えるとしたら、素敵なことと思いませんか。本書には、二十一世紀型教育の王道があります。少なくとも定価の三倍分はご活用ください。

## 2　一緒に夢の学校づくりを進めてくださった皆様へ

いやいや！　先生方、職員のみなさん、ありがとうございました。（深々とお辞儀をしています。）「子どもたちの学びに火をつける」ためにと研究に、そして指導にと日夜燃えていただき、また支えていただき感謝しております。でも、楽しい日々でしたね。

歴代の副校長先生方、保護者・地域の皆様、お世話になりました。そして、学校の主役、子どもたち！　君たちの成長ぶりにはいつも驚かされていました。真剣に受け止め、素直に頑張る姿がかっこよかったです。笑顔と元気な挨拶も素敵でした。これからは、町のスーパーで見かけても「校長先生！」なんて大きな声で呼ばないでください。

そして私の大恩人である金沢学院大学教授の多田孝志先生には、東雲小学校以来、十三年間のご指導を賜りました。それでも毎回、目から鱗が落ちるような、新鮮で深く考えさせられるお話を聞かせていただいたばかりでなく、多田先生の存在そのものが私どもの学びの、そして心の支えになっておりました。これからも日本の教育の発展のためにご活躍ください。ありがとうございました。

## 3　本書の出版を応援してくださった皆様へ

教育出版の皆様、中でも編集をご担当していただいた外岡淳也様、玉井久美子様には大変お世話になりました。おかげさまでいい本になりました。これからはこの本をバンバン売りまくって早いとこ元をとると同時に、持続可能な世界の実現に大きく貢献してください。期待しております。

## 4　文部科学省の皆様へ

ＳＤＧｓ推進の本丸は文部科学省でしょう。なんたって、十年以上も前からＥＳＤを推進してきて、国立教育政策研究所の研究成果も踏まえて、学習指導要領の前文に「持続可能な社会の創り手」の育成まで掲げちゃったんですから。でも、各省庁のＳＤＧｓでは項目ごとの部分的なものやイベント的なものが幅を利かせてきました。文部科学省の「Ｅ」を中心にしてＳＤＧｓについて「理解して、本気で取り組む」人づくりから推進してくださいね。

著者紹介

手島利夫（てじまとしお）

1952年，東京に生まれる。

江東区立東雲小学校長，江東区立八名川小学校長を歴任し，ユネスコスクールとしてESDカレンダーの開発・ESD推進に携わり，現在に至る。

2009年以来，ESD円卓会議委員等の役職を務める。2010年第1回ユネスコスクールESD大賞を東雲小学校が受賞。2012年第3回ユネスコスクールESD大賞を八名川小学校が受賞。2014年ユネスコESD世界会合参加。2015年博報児童教育振興会より，教育活性化部門で「博報賞」個人受賞。

共著に『日本標準ブックレット　未来をつくる教育ESDのすすめ』（2008年　日本標準）がある。

学校発・ＥＳＤの学び

2017年12月30日　　初版第1刷発行

著　者　手島 利夫
発行者　伊東 千尋
発行所　教育出版株式会社
101-0051　東京都千代田区神田神保町2-10
TEL 03-3238-6965／FAX 03-3238-6999
URL http://www.kyoiku-shuppan.co.jp



DTP：ユニット
印刷：三美印刷
製本：上島製本



ISBN978-4-316-80473-6　　C3037